Peter Hahne

Schluss mit euren
ewigen Mogelpackungen!

Weitere Titel des Autors:
Rettet das Zigeuner-Schnitzel!
Finger weg von unserem Bargeld!
Raue Sitten, freche Lügen

»Zigeuner-Schnitzel« und »Bargeld«
sind auch als Hörbuch und E-Book erhältlich

Peter Hahne

Schluss mit euren ewigen Mogelpackungen!

Wir lassen uns nicht für dumm verkaufen

LÜBBE

Wir danken Wolf Biermann für die Abdruckgenehmigung
der letzten Strophe aus dem Liedtext »Ermutigung«.

Dieser Titel ist auch als Hörbuch und E-Book erschienen

Originalausgabe

Copyright © 2018 by Bastei Lübbe AG, Köln
Umschlaggestaltung: fuxbux, Berlin
Umschlagfoto: Olivier Favre, Köln
Satz: fuxbux, Berlin
Gesetzt aus der Proforma
Druck und Einband: GGP Media GmbH, Pößneck

Printed in Germany
ISBN 978-3-7857-2621-1

5 4

Sie finden uns im Internet unter: www.luebbe.de
Bitte beachten Sie auch: www.lesejury.de

Ein verlagsneues Buch kostet in Deutschland und Österreich jeweils überall dasselbe.
Damit die kulturelle Vielfalt erhalten und für die Leser bezahlbar bleibt, gibt
es die *gesetzliche Buchpreisbindung.* Ob im Internet, in der Großbuchhandlung,
beim lokalen Buchhändler, im Dorf oder in der Großstadt – überall bekommen Sie Ihre verlagsneuen Bücher zum selben Preis.

Inhalt

7 Buschkowsky, die Landnahme
   und die deutsche Naivität

14 Es gibt keine Politikverdrossenheit

17 Die Flüchtlings-Bildungs-Mogelpackung

21 Von Funny Facts und Kieselhumes

22 Müllers Mathematik und
   Schwesigs Scheinheiligkeit

24 Wolf Biermanns Oster-Ohrfeige

30 Die armen reichen Kinder

31 Jesus Christa und die Mondin

37 Grüne, Köter, Selbstverachtung

40 Wahrheit statt Wortmüll

43 Einbrecher-Eldorado: Mogelpackung Sicherheit

47 Respekt, liebe Lidl-Leute

49 13. Monatsgehalt unerwünscht?

51 Rasen und Rauchen für die Rente

53 Der Barmherzige Samariter und die Gaffer

56 Flüchten aus dem Flüchtlingsheim

59 Von Wasserpredigern und Weintrinkerinnen

62 Helmut Schmidt: aufgehängt!

66 Wenn schon, denn schon ...

69	Kirche und Sprache – Herr, schick Hirn!
73	Wen schützt Datenschutz?
76	Wie der Hase auf den Hund gekommen ist
78	Todesurteil für Lebensmittel
81	Wahldesaster auf Augenhöhe
84	Über Pommes, Fritten und die EU
86	Der Bundes-Bläh-Reichstag
89	Hände weg von unseren Vereinen!
91	Multikulti-Mogelpackung
94	Schreiben nach Gehör und ohne Sinn und Verstand
98	Frau am Steuer, Hirn im Eimer
100	Der Traummann vom *Traumschiff*
103	Limburger Käse
105	Feigheit siegt: Das Kreuz mit dem Kreuz
109	Bevor*mund*ung
113	Deutscher Rechtsstaat oder beseeltes Bullerbü?
117	Herr*in, schick Hirn*in!
119	Crusade gegen die Rückkehr des Höfischen
122	Wortmüll als Wohlstandsverwahrlosung
126	Wir brauchen Bräuche

Buschkowsky, die Landnahme und die deutsche Naivität

Wenn man mich nach Klartext-Politikern fragt, die sich nicht verbiegen lassen und unverdrossen zu ihren Ansichten stehen und diese auch gegen extremste Kontrahenten vehement und mutig verteidigen, dann sind es vor allem zwei »B-Politiker«. Beide schafften es nicht in die »A-Reihe« ihrer Parteien und wurden vom dortigen Mainstream-Management aus Positionen ferngehalten, die ihnen eigentlich auf den Leib geschrieben sind: zum Beispiel Innenminister. Beide fangen auch mit »B« an: Wolfgang Bosbach (CDU) und Heinz Buschkowsky (SPD). Vor allem in Sachen Multikulti und Verharmlosung des Islams zeigen beide klare Kante. Sie waren häufiger zu Gast in meiner Sendung, meist traten sie gegen ihre schärfsten Kritiker an. Niemals hörte ich von ihnen das inzwischen zum Ritual gewordene Absage-Argument: mit dem oder der trete ich nicht gemeinsam auf. Und gegangen ist auch keiner ...

Heinz Buschkowsky, der legendäre Bezirksbürgermeister von Berlin-Neukölln, ähnliche Einwohnerzahl wie die Großstadt Bielefeld, sorgt in seiner *BILD*-Kolumne regelmäßig für Schnappatmung bei seinen gutmenschelnden Genossen. So auch mit einem Begriff, der genau ins Schwarze trifft, voll auf die Zwölf: was die Muslime in Deutschland betreiben, sei eine »gesellschaftliche Landnahme«. Komisch: Es gab keinen Aufschrei gegen dieses »Unwort«, weil diese Auf-Schreihälse wohl genau wissen – da ist so viel Wahres dran, dass man keine schlafenden Hunde wecken will.

Landnahme heißt laut Wikipedia: Die Inbesitznahme fremden Grund und Bodens, unabhängig von Eigentumsverhältnissen, Zustimmung oder Duldung. Der Buschkowsky-Begriff stimmt höchstens insofern nicht, als wir ja bereit sind, das alles demütig und ohne jede Gegenwehr zu dulden – jedenfalls multikulti-beseelte Naive, die in der Regel in sicheren beziehungsweise gesicherten Häusern und Wohngegenden leben, ihre Kinder in Privatschulen schicken und den »Ausländer« nur als netten Gemüse- oder Teppichhändler oder liberalen Akademiker kennen. Doch was Buschkowsky so glaubwürdig macht: Er schreibt nicht aus einer Charlottenburger Jugendstil-Altbauwohnung, sondern buchstäblich aus dem Souterrain des »Problemkiezes« Neukölln. Der Mann weiß, wovon der redet.

Im Fall »Landnahme« meint er zum Beispiel den Dauerstreit um das Kopftuch. Permanent würden unsere Gerichte mit dauerklagenden Beamtinnen gelähmt, »und es wird auch einen nächsten geben und einen übernächsten, so lange, bis wir toleranten Bürger müde werden, gegen einen Prozess der gesellschaftlichen Landnahme anzukämpfen«. Die Taktik der Zermürbung wird geschickt angewandt, wie wir sie auch in Kindergärten, Schulen, bei Klassenfahrten oder in den Kantinen erleben. Irgendwann ist man es leid zu intervenieren, was nun gegessen werden darf oder ob man noch Weihnachten feiern kann – und man steht ja ohnehin in dem Verdacht, rechtsradikal zu sein, wenn man diese »Landnahme« kritisiert.

Diese »gesellschaftliche Landnahme« schreitet immer weiter fort. Erst benannte man bereitwillig Weihnachtsmärkte in Wintermärkte und das jüdische Laubhüttenfest in Herbstfeier um, doch bald wurden die Sternsinger beispielsweise in der Potsdamer Staatskanzlei nicht mehr empfangen und von den NRW-Linken beantragt, den Nikolaus aus öffentlichen Kindergärten zu verbannen. Landnahme! Erst wurde aus Rücksicht auf Muslim-Kinder in der Kita eine Alternative zum Schweinefleisch gekocht, heute gibt's in vielen Horten nur noch Rindfleisch – die Töpfe könnten ja »unrein« werden.

Einer Landnahme der besonderen Art leistete der damalige SPD-Chef Sigmar Gabriel Vorschub: Er nahm am Fastenbrechen in der Berliner Botschaft der Vereinigten Arabischen Emirate teil. In seiner Rede fielen so abenteuerliche Sätze wie: »Die Geschichte unserer Religionen verbindet uns mehr, als die meisten Christen das wissen.« Ach! Im Übrigen sei Kern der drei monotheistischen Religionen die Friedensbotschaft. Ach so! Erst türkischstämmige Genossinnen und Islamexperten mussten ihn daran erinnern, dass er irrt und außerdem auf dem Terrain jener feiert, die im eigenen Land Menschen auspeitschen, Vergewaltigungsopfer (!) bestrafen und die Frauen ihrer Menschenrechte berauben. Auch eine Form der Landnahme: Deutsche ihres kritischen Verstandes zu berauben. Übrigens hat Bosbach recht: Die Toleranz einer Weltanschauung oder Religion erkennt man immer daran, wie die sich in Ländern verhalten, in denen sie die Mehrheit haben. Die Emirate lassen grüßen!

Nebenbei erwähnt: Auch der Berliner evangelische Bischof war mit von der Partie, doch das wundert schon keinen mehr. Ein Islamexperte bilanziert: Eine solche Anbiederei hält der erlebten Praxis nicht Stand und wird dem gesellschaftlichen Frieden alles andere als dienen. Die

Leute fühlen sich für dumm verkauft und rächen sich mit Kirchenaustritt oder Protestwahl. Das Ergebnis der Bundestagswahl 2017 war deshalb nur für Ahnungslose ein Schock. Es war die erwartbare logische Konsequenz für Bürger, die den Mainstream der Naiven satt sind. Mehr Beweis für Elfenbeinturm und Polit-Parallelgesellschaft bedarf es nicht: Direkt nach der Wahl, die seine sächsische Heimat-CDU hinter die AfD sacken ließ, brachte Thomas de Maizière einen islamischen Feiertag ins Spiel. Weltrekord der Bürgerferne! Der langjährige *ARD*-Nordafrika-Korrespondent Samuel Schirmbeck lapidar: »Ohne Islamverharmlosung von Politik und Kirchen wäre die AfD niemals aufgestiegen.«

Der »Bund der Deutschen Katholischen Jugend« brachte ein noch bizarreres Kunststück fertig, von Verstand keine Spur: »Alle Christen glauben an Allah«, so lauteten Plakate, zu sehen in der Universitätsstadt (!) Tübingen. Eine Universität, die im Gründungssiegel in lateinischer Sprache die Jesus-Worte hat: »Ich bin der Weg und die Wahrheit und das Leben!«

Auch der verweigerte Handschlag für Frauen, von deutschen Spitzenpolitikern wie Renate Künast bagatellisiert, ist eine erfolgreiche Landnahme. Als ich in meiner Sendung darauf beharrte, sie möge mir das bitte als grüne Frauenrechtlerin und Vorkämpferin für Gleichstellung mal erklären, entgegnete sie durchaus schnippisch: »Sie stellen ja Fragen wie die AfD.« Ein berühmtes Totschlagargument, um einen in die »rechte«, in Wahrheit: rechtsextrem-nationalistische Ecke zu stellen. Kein Alleinstellungsmerkmal der grünen Partei, die anderen können das

durchaus auch! Als ein besorgter Bürger, der gegen diese
»Landnahme« protestiert, ist man bekanntlich schnell bei
»Pegida« angesiedelt. Selbst von Rosa Luxemburg haben
diese Salon-Sozis keine Ahnung: »Freiheit ist immer die
Freiheit der Andersdenkenden!«

Da ist das Wort Diskussionskultur endgültig zur Mogelpackung pervertiert. Ich schrieb bereits vor Jahren in mei-
nem Bestseller *Rettet das Zigeuner-Schnitzel*: Was vor zehn
Jahren noch als völlig normal galt, ist über die Stufen kon-
servativ, rechts, rechtsradikal nun fast zum Nazi geworden.
Bin ich etwa Nationalist, wenn ich diese grundgesetzwidri-
ge »Landnahme« nicht will?! Wenn Leute sich nicht mehr
trauen, im Rahmen der Meinungsfreiheit ihre Ansichten
und Befürchtungen zu artikulieren, ist es fünf vor zwölf.

Und das Schlimmste: Genau die, die durch eine für alle
offene Gesprächsatmosphäre »Politik möglich machen
sollten« (Richard von Weizsäcker), nämlich die Kirchen,
schlagen mit der Moralkeule drauf, wenn man sich er-
frecht, die Meinung zu haben, dass der Islam eben nicht
unisono eine Friedensreligion ist und wir mit unseren Traditionen nicht klein beigeben dürfen.

Paradebeispiel: Deutsche Bischöfe legen das Amtskreuz,
das Symbol des Leidens und Sterbens von Jesus Christus,
bei ihrem Tempelberg-Besuch in Jerusalem einfach ab und
verkaufen das als Toleranz. Mogelpackung! Das ist erfolgreichste Landnahme durch vorauseilenden Gehorsam, sonst
nichts. Ganz im Sinne des türkischen Despoten Erdogan,
der seine Leute dazu aufgerufen hat, den Felsendom und
die Al-Aqsa-Moschee, also den Tempelberg, zu »beschützen«. Doch statt zum Beispiel Lehrer und Erzieherinnen

vor dem Mob radikaler Jugendlicher und ihren Eltern zu beschützen, verteilt die EKD Hochglanzbroschüren gegen Fremdenfeindlichkeit. Verkehrte Welt!

Aus dieser Ecke der klerikalen Ahnungslosen hört man ja auch nach jedem Terroranschlag die stereotype Gebetsmühlen-Leier: Das hat alles nichts mit dem Islam zu tun! Als wären sie einer Gehirnwäsche unterzogen worden. Dabei sagt der renommierte frühere Präses des Verbandes der Landeskirchlichen Gemeinschaften Christoph Morgner klipp und klar: »Islam hat nicht unbedingt etwas mit Islamismus zu tun; aber Islamismus hat immer etwas mit dem Islam zu tun.« Und Landnahme pur ist der bewusst missdeutbare Irrsinn deutscher Nachrichtenmedien, die den Schlachtruf der Mörder »allahu akbar« (Allah ist groß!) mit dem Wort Gott – und nicht mit Allah – zitieren. Das wiederum führt dazu, dass schlichte Gemüter den Schluss ziehen, alle Religionen seien kriegerisch und es ließe sich ohne Religionen besser und sicherer leben. Oder dem naiven Kurzschluss selbst studierter Menschen mit Theologen-Abschluss, Allah und Gott, der Vater von Jesus Christus, seien ein und dasselbe. Herr, erbarme dich!

Dass die Buschkowskysche Landnahme inzwischen die deutsche Rechtsprechung erfolgreich erobert hat, lässt einen geradezu verzweifeln. Da bekommen islamische Schläger geringere Strafen, »weil das doch in ihrer Kultur eine Verteidigung der Familienehre ist«. Wo Grundgesetz draufsteht, steckt Scharia drin. Mogelpackung! Eine arabischstämmige Frau wurde mit ihrer Vergewaltigungsklage abgeschmettert, »weil das doch in ihrem Kulturraum kein Delikt ist«. Wenn es um Landnahme geht, ist jedes Mittel recht. Denn die »Eroberer« können sich ja auf eins felsenfest verlassen: Aus dem betroffenheits-duseligen Deutschland in seiner willkommens-kulturellen Seligkeit ist kaum mit Widerstand zu rechnen.

Diese Tatenlosigkeit beklagt in einem dramatischen Kommentar Springer-Chef Mathias Döpfner: »Wo war der Aufschrei der Empörung!«, fragt er, nachdem das Frankfurter Landgericht einer kuwaitischen Fluggesellschaft recht gab, keine israelischen Bürger befördern zu müssen. Wäre es ein Türke gewesen, »hätte es Lichterketten gegeben.« Kein Mucks von Politik und Kirche! Döpfner verschärft den Begriff »Landnahme« und spricht von »Unterwerfung« – bewusst in Anspielung auf den Roman von Michel Houellebecq, der fiktiv die Islamisierung Frankreichs bis in die Staatsspitze beschreibt. Leider keine Mogelpackung!

Ralph Knispel, immerhin Vorstand der Vereinigung Berliner Staatsanwälte, sieht bereits unseren Rechtsstaat gefährdet. Ein Mann, der es wissen muss. Diese dramatischen Warnungen vor existenzbedrohenden Missständen sind also längst kein Privatthema einer neu gegründeten Partei. Doch wo bleiben die anderen?

Es stimmt, was der SPD-Mann Heinz Buschkowsky prophezeit: Es kommt der nächste Prozess und dann der übernächste, und dann sind wir des Kämpfens müde. Und der Hardcore-Islam hat Geduld und langen Atem, ganz im Sinne Erdogans, der offen und unverhohlen bei einer Kundgebung in Köln dröhnte: Wir werden Euch bevölkerungspolitisch in die Knie zwingen. Diese schreiende Naivität, das nicht hören und ernst nehmen zu wollen, tut weh. Toleranz wird zum Tollhaus.

Auf ein solches Tollhaus-Phänomen weist Hans-Ulrich Jörges in einer *STERN*-Kolumne hin. Ich schätze ihn als Unabhängigen, denn er kann und konnte auch anders, lässt sich aber von den Realitäten überzeugen: »Der Islam hat mit dem Terror der Islamisten nichts zu tun? Das, Ihr Muslime, glaubt Euch niemand mehr. Denn die Terroristen kommen aus Euren Moscheen, sie zitieren aus Eurem Koran, und sie führen den Namen Eures Gottes auf den Lippen, wenn sie morden und sterben. ›Das ist für Allah!‹, riefen jüngst die Messerstecher von London.«

Es gibt keine Politikverdrossenheit

Kann man das ernsthaft behaupten? Alles spricht doch dagegen. Gibt es wirklich keine Politikverdrossenheit, von der Kommentatoren gerne schreiben, von der neue Parteien leben und von der selbst Politiker populistisch schwadronieren. Ein Ablenkungsmanöver! Eine Mogelpackung! Denn in Wahrheit ist das keine allgemeine Politikverdrossenheit, die wie Blei auf den Bürgern liegt – es ist eine Politik*er*verdrossenheit, die einen in Rage bringt. Nicht ein allgemeines Allerwelts-Phänomen also, sondern etwas ganz Konkretes, Personbezogenes.

Konkrete Menschen machen Politik, und nicht irgendwelche anonymen Mächte. Menschen, denen die Bürger, was ihre Pflicht ist, auf die Finger schauen. Gerade die Medien haben hier eine wichtige, sogar verfassungsrechtlich gebotene Aufgabe. Ich bin allerdings gegen Treibjagden auf Politiker, gegen Investigation als Tarnwort für den modernen Pranger, der wehrlose Menschen bloßstellt. Selbst bei einem Dementi oder einer Entschuldigung gilt die Devise: Etwas bleibt immer hängen. Qualitätsjournalismus braucht keine Folterwerkzeuge nach dem Motto: »Den oder die grillen wir heute.«

Aber was falsch läuft und für die Betroffenen unangenehm werden kann, darf nicht verschwiegen werden. So jene Statistik zum Ende der Legislaturperiode des Deutschen Bundestages im September 2017. Dabei kam heraus, dass drei Abgeordnete der CDU für die Teilnahme an nur zwei Sitzungen in der vierjährigen Periode bis zu 35 000 Euro kassierten. Alle drei waren sogenannte Nachrücker und erst kurz vor den Neuwahlen ins Parlament gekommen. Drei MdBs waren ausgeschieden, weil sie Minister in Landesregierungen geworden sind. Und das Gesetz schreibt vor, dass frei gewordene Plätze sofort nachbesetzt werden müssen.

Also wurden die drei Neulinge an einem Montag in der letzten Sitzungswoche vor der Bundestagswahl (bei der keiner von ihnen wieder kandidierte!) im Reichstag persönlich begrüßt und feierlich willkommen geheißen. Zwei Sitzungstage! Was für eine Kurz-Karriere! Einer bilanziert: Ich war dann noch bei einer Fraktionssitzung, habe eine Handvoll Bürgeranfragen bearbeitet und zwei Briefe an das Verkehrsministerium diktiert. Diktieren und Bearbeiten konnte er, weil ihm rechtlich alles zusteht, was ein Abgeordneter bekommt, der die vollen vier Jahre im Parlament sitzt: ein eigenes Büro, Mitarbeiter, Sekretärin, extra gedruckte Visitenkarten und Briefpapier, den Fahrdienst und 1. Klasse Bahn. Alles für nur ein paar Stunden Sitzung und eine Woche »Amtszeit«.

Das Entscheidende: Obwohl keiner der drei wegen dieser paar Tage seinen Beruf aufgeben oder einen größeren Umzug veranstalten musste, bezieht er volles Gehalt. Genau 9.541,74 Euro Abgeordnetendiät plus all die Gelder für Büro, Unkostenpauschale etc., die einem Mitglied des Bundestages nun mal zustehen. Ja, soll man da nicht wütend werden als Lieschen Müller oder Otto Normalverbraucher?! Jemand, der arbeitslos ist, nur einen Minijob hat oder sich als Alleinerziehende durchs Leben schuften muss, kann doch nur in die Tischkante beißen. Nicht wegen *der* Politik, sondern wegen der Politik*er*, die solche Irrsinnsgesetze beschließen beziehungsweise nicht sagen: Ich nehme dieses gewählte und gesetzlich geregelte Mandat zwar an, verzichte aber auf alle Annehmlichkeiten und die Zahlungen. Oder ich spende sie.

Wer für den Bürger nichts mehr tun und sich höchstens ein paar Tage auf Steuerzahlers Kosten Berlin anschauen kann, der sollte außer den reinen Kosten nichts bekommen – geschweige denn 35 000 Euro und einen Mitarbeiterstab! Kein Wunder, dass Bürger den Hals voll haben von solchen Politikern und sich ins Private zurückziehen oder ihren Frust bei der nächsten Wahl zum Ausdruck bringen.

Unsere Volksvertreter heißen Volksvertreter, weil sie das Volk vertreten und nicht Profit, Prestige und Privilegien. Pauschalverurteilung ist fehl am Platz, das ist mir zu diesem Thema wichtig. Aber die, die sich darüber beschweren, haben es selbst in der Hand, das durch entsprechende Gesetze, Verordnungen und Praxis zu unterbinden.

Die Flüchtlings-
Bildungs-Mogelpackung

Ach, was hatte man uns alles vorgeschwärmt in jenen milden Sommertagen 2015, als sich das Heer von Flüchtlingen aus dem Osten zu uns wälzte. Die Österreicher, wir erinnern uns, hatten liebevoll und fürsorglich extra Schilder aufgestellt: »Germany!« Damit auch niemand der Flüchtenden sein Wunschziel verfehlt und bloß nicht im Alpenland, sondern erst jenseits der Grenze als Geflüchteter registriert wird. Der Münchner Hauptbahnhof verwandelte sich in eine Teddybär-Jubel-Willkommens-Station. Als kämen Boygroups zu ihren Teenie-Fans. Ein neues Wort ward geboren: Willkommenskultur.

Wer auch nur den leisesten Zweifel anmeldete, vielleicht eine klitzekleine kritische Frage stellte oder sich gar besorgt zeigte, wurde eiskalt abgemeiert mit Merkels Mantra: »Wir schaffen das!« Allein für »falsche« Fragen an »falsche« Personen wurde ich zur Rede gestellt, in rund zehn Sendungen konsequent durchgezogen. Da war jene junge Polizistin von der Grenze bei Rosenheim, die mit Tränen in den Augen schilderte, dass sie noch nicht einmal das Zählen der Flüchtlinge, geschweige denn die Aufnahme von Personalien schafften – und wie sie abends geschafft ins Bett sinke, tagsüber von jungen Arabern angepöbelt und angespuckt. Oder jener Landrat von der bayerisch-österreichischen Grenze, der klarstellte: Nur Jesus hätte Tausende mit ein bisschen Fisch und Brot speisen können, sein Landkreis könne dieses Wunder leider nicht vollbringen. Meine Frage nach kriminellen, vielleicht sogar terroristischen Elementen mitten im Massenstrom bürstete die Grünen-Frau Künast barsch ab: Ich solle gefälligst keine AfD-Fragen stellen. Pfui, Sie Nestbeschmutzer unserer kuscheligen Teddybären-Wohlfühl-Willkommenswelt! Kritik ist nicht gefragt, »besorgte Bürger« sind per se rechtsradikal. Majestätsbeleidigung in der Republik des Grundgesetzes, wer hätte so was vor Jahren für möglich gehalten.

Und dann kam der Prokurist eines großen, mittelständischen Familienunternehmens aus Hessen. Als Christen wären sie sich in der Geschäftsleitung einig: Wir nehmen junge Flüchtlinge als Lehrlinge auf, 24 junge Männer. Großes Lob im Land, auch das Fernsehen war da. Sprache lernen, Handwerk beibringen – und jeder bekam noch einen Paten aus der Firma, also Rundumversorgung mit allerbestem Willen. Bilanz: Geblieben sind zum Schluss nur zwei. Gründe: mangelnde Bildung, keine Arbeitsmoral, völlig andere Tages- und Lebensabläufe und die Erkenntnis, dass man in Deutschland auch ohne Arbeit über die Runden kommt.

Komisch! Als der Flüchtlingsstrom strömte, hatte man als gemeines Volk doch die Worte der Obrigkeit im Ohr: Es kommen die Motivierten, die Engagierten, all die, die wir dringend brauchen. Man gewann den Eindruck, als kämen nur syrische Ärzte und arabische Fachkräfte, nur junge Leute, die hungrig darauf sind, endlich anzupacken. Als Kritiker, selbst als leiser, konnte man einpacken. Da war man rechtsradikal, bestenfalls rechts, aber kein vollwertiger Gutmensch jener besten Willkommenszeit. Zwei ganze Jahre währte diese Mär.

Nie vergessen werde ich ein Hintergrundgespräch bei einem der großen Unternehmerverbände. Weil ich Vertraulichkeit achte, umschreibe ich dieses außergewöhnliche und prägende Erlebnis. Die größte Mogelpackung, die ich in diesen Jahren erlebte. Als könne die Kanzlerin mithören wie einst die Stasi, wurde uns Journalisten in einem Ostberliner Luxushotel mitgeteilt, wie froh man doch um jeden Flüchtling sei, und dass gar nicht genug kommen können. Wohlgemerkt: Keine klerikalen Kanzel-Illusionisten oder Claudia Roth, gestandene Unternehmensfunktionäre mit klarem Sachverstand lullten uns ein und jede kritische Nachfrage weg. Selbst ein früherer Kollege, immer hellwach gewesen, versuchte mich zu »bekehren«, doch endlich mit all dem konservativ-antiquierten Vorbehalt gegen alles Fremde aufzuhören. Schließlich wurde der Bildungsfachmann jenes großen Bundesverbandes aufgeboten: Ja, es ist »erwiesenermaßen« eine riesige Bereicherung, was und wer da zu uns kommt. Die Motivierten, Engagierten ... Ach, Sie wissen schon ...

Genau zwei Jahre später, als alles zu spät ist, endlich die Fakten, unbestechlich und teilweise von den Mogelpackungs-Behörden selber erstellt: 59 Prozent der Flüchtlinge haben überhaupt keinen Schulabschluss, neunundfünfzig! Auch 56 Prozent Syrer nicht, dem gelobten Land von Fachkräften und Ärzten. Hunderttausende sind ins Land gekommen, die wegen mangelnder Schul- und Sprachkenntnisse keinerlei Chancen auf dem Arbeitsmarkt haben. Je nach Herkunftsland haben bis zu drei Viertel überhaupt keine Schulbildung, so das Bundesinstitut für Berufsbildung (BIBB).

Die Bundesagentur für Arbeit (BA) hatte das schlicht unterschlagen und gar nicht gemerkt, dass rund 25 Prozent der 500000 arbeitssuchenden Migranten gar keine Angaben zur Bildung gemacht hatten. Oder wollte es nicht merken, dass Etikettenschwindel im Spiel war. Oder durfte es nicht merken wollen, was am wahrscheinlichsten ist. Die verantwortliche Politik bot uns also Mogelpackungen, na toll! Peinlich, dass der Klartext ausgerechnet am Höhepunkt des Wahlkampfes herauskam, keineswegs nur von der AfD: Von den fast zwei Millionen Flüchtlingen und nachgezogenen Familien sind nur 13 Prozent erwerbstätig. Tja, Lügen haben kurze Beine! Und kleine Sünden werden bei der nächsten Wahl bestraft.

Und die Moral von der Geschicht'? Es geht mir nicht um Rechthaberei. Aber Wahrheit muss Wahrheit bleiben. Hätte man sich darum nicht herumgemogelt und die Kritiker nicht brutal ausgegrenzt, wäre uns vieles erspart geblieben. Gefühl ist ein ebenso schlechter Ratgeber wie Angst. Illusionen sind etwas für den Arzt, um ein abgewandeltes Helmut-Schmidt-Zitat zu nennen. Von einem Rechtsstaat erwarte ich Recht: Wer sichert unsere Grenzen? Wen lassen wir ins Land? Und wer darf bleiben und wer nicht? So einfach ist das. Interessant: Im Bundestagswahlkampf 2017 sahen das plötzlich fast alle so. Doch das Volk vergisst nicht so schnell. Einige mussten erfahren, wohin Mogelpackungen führen: Wer zu spät kommt ...

Selten wurde der 18-Uhr-Termin am Wahlabend ein solch kollektiver Schock. Allerdings nicht für die Beteiligten: Die CDU feierte wie auf einem anderen Planeten, wie bei dem 40-Prozent-Ergebnis 2013, so, dass ich wirklich glaubte, da würde bewusst ein Film falsch eingespielt, um zu sagen: So schön war das damals ... Pustekuchen, die mogelten sich wirklich so um die Realität. Noch schlimmer die erste Einlassung von CSU-Chef Horst Seehofer bei *Phönix*: »Ich kann das gar nicht glauben« – folglich feierte man es als Erfolg, dass es beim dramatischen 10-Prozentpunkte-Verlust erst mal keine Personaldebatte gab.

Motto: Lieb Vaterland, sollst ruhig sein ... Jetzt sichert uns das zunächst mal Macht an Isar und Spree! Nur dass dem Volk vom präzisesten Meinungsforschungsinstitut INSA, das bei jeder Wahl eindrucksvoll ergebnisnah ist, gleich in der ersten Umfrage ein weiterer Absturz der Union beschert wurde. Hätte man nicht gemogelt bei der Wahlnachlese, es wäre anders gekommen. Auch bei der nachfolgenden Landtagswahl in Niedersachsen oder mit dem Rücktritt des sächsischen Ministerpräsidenten Stanislaw Tillich.

Von Funny Facts und Kieselhumes

Als ich den Mietwagen am Flughafen übernahm, fiel mir gleich ein roter Papier-Anhänger auf, der am Spiegel baumelte. Unübersehbar wurde ich darüber informiert, dass sich auf diesem werbenden Druckerzeugnis neben dem bayerisch anmutenden Namen auf orangenem Grund »Funny Facts« befinden. Funny Facts, in riesig dicken Buchstaben geschrieben. Fünf solcher Facts waren dann aufgeführt, allesamt in deutscher Sprache, und alle originell. Zum Beispiel: In Hessen wurde ein Pferd mit einer Geschwindigkeit von 59 km/h geblitzt.

Ich wollte mir erst mal einen Drahtesel mieten, also machte ich mich auf den Weg und freute mich an dem »Funny Fact«, dass über 68,5 Prozent der deutschen Autobahnen ohne Tempolimit sind. Ich kam also ungebremst ans Ziel, einem Radverleih namens »E-motion e-Bike«, irgendwo neben der Firma Enterprise Rent-A-Car, die via Google noch schnöde »Autovermietung« heißt. Hätten die geschlossen, bietet das Branchenverzeichnis noch andere Bike-Shops an. Unterwegs hätte ich in derselben Straße noch in den Criminal Tearoom & Pub Baker Street einkehren können.

Aber der gesuchte Bike-Shop war geöffnet, open also. Und als ich schließlich auf dem Rad saß, mein Funny-Facts-Auto auf dem Parkplatz, sah ich die Stadtbahn und atmete auf: Ich war nicht irgendwo im Gewerbegebiet einer amerikanischen Kleinstadt gelandet, denn das große Schild der Haltestelle ließ keine Fragen offen. Ei wo sinn mir dann doo? In Kieselhumes! Bestes Saarländisch! Trotz E-motion e-Bike und Enterprise und den Funny Facts war ich schlicht und ergreifend, saa nur, in Saarbrigge. E scheener Gruß an de Sixt – es geht auch alles auf Deutsch!

Müllers Mathematik und Schwesigs Scheinheiligkeit

Für wie dumm hält man eigentlich das Volk?! Dreist versucht man uns hinters Licht zu führen und uns mit Mogelpackungen der Demokratie abzuspeisen. Und das immer in der Hoffnung, die Leute werden es nicht merken oder wenn, dann schnell vergessen. Wobei sie da leider oft recht haben. Nach der Schock-Wahl vom Herbst 2017 fand eine der großen Verliererinnen, die stellvertretende SPD-Vorsitzende und Ministerpräsidentin von Mecklenburg-Vorpommern, Manuela Schwesig, als erste Fassung und Stimme wieder: »Wir brauchen jetzt dringend Volksentscheide auf Bundesebene. Die Bürgerinnen und Bürger sollten nicht nur zu Wahlen, sondern auch dazwischen befragt werden.« Toll!

Für wie blöd hält die Dame uns denn? Am selben Tag dröhnte nur 213 Kilometer südöstlicher ihr SPD-Kollege Michael Müller, seines Zeichens Regierender Bürgermeister von Berlin, er wolle sich an den Volksentscheid nicht halten, der parallel zur Bundestagswahl stattgefunden hatte. Am selben Tag! Es ging um den Flughafen Tegel, den 56 Prozent der Berliner offenhalten wollen. Und was sagt Herr Müller – auch schon Wochen vor der Abstimmung: Er werde sich an das Ergebnis nur dann halten, wenn die Bürger, wie SPD, Grüne und Linke das wollen, für eine Schließung des Flughafens stimmen. Wünsch-Dir-was-Demokratie!

Und dann wird's noch dreister bei diesen Mogelpackungs-Sozis: Die 56 Prozent sieht Müller nicht als Niederlage, denn nach Umfragen seien ja vorher immerhin 75 Prozent für Tegel gewesen, jetzt 20 weniger. Ja, geht's noch?! Müllers Mathematik und Schwesigs Scheinheiligkeit – man treibt die Wähler förmlich in die Arme von Populisten. Nach dieser Rechnung hieße der Bundeskanzler jetzt Martin Schulz aus Würselen, der hatte schließlich vor der Wahl mal 100 Prozent. Müllers Rechenkünste entsprechen ohnehin dem Niveau seiner Schulen: Die Internationale Gartenausstellung IGA endete im Oktober 2017 mit zehn Millionen Euro Minus – für den Regierenden »ein Erfolg«. Klar, ein Klacks gegen das Milliardengrab Flughafen BER!

Niemand setzt sich in Sonntagsreden so sehr für Bürger-
beteiligung und Volksentscheide ein wie SPD, Linke und
Grüne. Aber bitte nur, wenn's uns passt und das Ergebnis in
unserem Sinne ist. Bei Tegel beruft man sich nun auf beschlossene Verträge und lässt den Volksentscheid nicht gelten, bei »Stuttgart 21« war es mit denselben Parteien exakt
umgekehrt. Wahnsinn!

Wir haben eine repräsentative Demokratie, unsere Abgeordneten nennen sich Volksvertreter. Wenn sie das wirklich wären, bräuchten wir auch keine Volksentscheide.
Durch die werden ohnehin meist sinnvolle Projekte verhindert, weil linke Aktivisten oder Gruppen mit Sonderin-
teressen die Bürger mobilisieren. Wer will schon gerne eine
Kläranlage vor dem Haus, aber irgendwo muss sie schließlich hin. Und ein Krötenwanderweg ist auch allemal besser
als eine Autobahn. Unsere Demokratie kennt einen guten
Weg, wie man mit unfähiger Politik umgeht: die unfähigen
Politiker abwählen.

Wolf Biermanns
Oster-Ohrfeige

Es war eine Sendung, die ich nie vergessen werde: eine
halbe Stunde konzentriertes Reden mit Wolf Biermann,
dem wortgewaltigen Altkommunisten, und seinem Freund,
dem evangelikalen Pfarrer Matthias Storck. Auf diese
außergewöhnliche Combo kam ich, als Wolf Biermann
zum 25. Jahrestag des Mauerfalls bei einer Sondersitzung
des Bundestages singen sollte. Aber was heißt singen?! Biermann, in der Mitte des Saales und damit direkt vor der

Linksfraktion auf einem Hocker sitzend, Gitarre unter dem Arm, knöpfte sich erst mal jene MdBs vor – bis Bundestagspräsident Norbert Lammert eingriff mit der mehr rhetorischen Mahnung: »Sie sind hier zum Singen eingeladen!« Doch Biermann kofferte gegen die Linken: »Dass Sie hier jetzt sitzen, wo Sie doch Leute wie meinen Freund Matthias Storck auf dem Gewissen haben, den ich da oben auf der Besuchertribüne zufällig sehe. Für den waren meine Lieder im Stasi-Knast Seelenbrot.« Und schließlich sang er – viele weinten – eines dieser Seelenbrot-Lieder: »Lass dich nicht verhärten in dieser harten Zeit ...«

Was verbindet diese beiden Männer? Storck und seine Verlobte waren als Theologiestudenten 1979 in Greifswald auf offener Straße von der Stasi verhaftet worden. Was sie bis zu ihrem Freikauf nach Herford erlebten, war pure Folter. In unterschiedlichen Zuchthaus-Trakten untergebracht, pfiffen sie sich abends einzelne Liedzeilen Biermanns durch den winzigen Luftschacht im Wechsel zu. Seelenbrot! Nach vielen Jahren klingelten die Storcks einfach an Biermanns Hamburger Haustür, der war ja 1976 aus der DDR ausgebürgert worden – es entstand eine Freundschaft zwischen dem Skeptiker und dem Glaubensmann. Gewitzt schrieb er mir nach der Sendung in seine Autobiografie *Warte nicht auf bessre Zeiten!* in typisch Biermannscher Spiegelschrift: »Wenn wir die Sendung ohne diesen Hirten gemacht hätten, wäre der Titel: Peter und der Wolf.« Selten hat mich jemand auf Anhieb so beeindruckt wie Wolf Biermann, wir saßen noch lange zusammen – und vieles, was (leider) in Sendung und Buch unerzählt blieb, kam zur Sprache. Ich darf es jedoch zitieren.

Auch dieses Erlebnis mit Theologiestudenten, die kurz vor Ostern 2016 zu Biermann in die Hamburger Wohnung kamen. Über 30, die nun zu seinen Füßen saßen, um mit ihm zu diskutieren. Zuvor jedoch stellte die Sprecherin der Gruppe erst mal fest: »Dass das zwischen uns klar ist, lieber Herr Biermann: Wir glauben natürlich auch nicht daran, dass Jesus auferstanden ist. Aber an Ostern erzählt man das eben so!« Biermann: »Ich war so ungehalten und wütend über diese Anbiederei dieser jungen Leute, dass ich sie fast rausgeworfen hätte.« Er habe dann ziemlich scharf und deutlich gesagt, und es klingt auch wie eine verbale Ohrfeige: »Wissen Sie eigentlich, meine Dame, dass Ihr Glaube und Ihre Predigt ohne das leere Grab null und nichtig wären? Alles Christliche hängt doch daran, dass Christus auferstanden ist, sonst können Sie doch gleich einpacken!«

Und dann kam der Hammersatz, den ich mir sofort aufgeschrieben habe. Und man muss bedenken: Hier spricht kein gläubiger Christ, sicher auch kein Kommunist mehr, aber zumindest doch ein Skeptiker, ein Suchender, der seine streng kommunistische Mutter wegen ihrer Bibelkenntnis rühmt und selbst eine bessere hat als mancher Pfarrer. Es klingt wie ein philosophischer Schlüsselsatz mit einer missionarischen Dimension, weil's genau den Punkt trifft: »Die Auferstehung ist die tiefste Wahrheit im Evangelium. Ostern ist die härteste Währung auf dem Markt der Hoffnungen.« Wow! Besser kann man die Bedeutung der Auferstehung von Jesus Christus gar nicht beschreiben – vor allem in ihrer Dimension für die ganze Welt. Die härteste Währung ... Das heißt doch: Darauf ist Verlass gegenüber all den Luftschloss-Hoffnungen, die uns Ideologien, Philosophien und Religionen anbieten. Das war die Botschaft des Apostels Paulus, das war der Kern der Reformation Martin Luthers, das bewahrt heutige Christen davor, an Gespött, Verachtung und Verfolgung dieser Welt nicht zu verzweifeln: diese gewisse Hoffnung!

Auch ich lasse in Sachen Ostern nicht mit mir spaßen. Da blähen sich doch Leute, die zu dumm sind, einen Eimer Wasser umzuwerfen, plötzlich als Naturwissenschaftler auf nach dem Motto: Wie kann man denn nur in einer Welt mit Relativitätstheorie oder Atomkernspaltung daran glauben, dass ein Toter wieder lebendig wird. »Ich glaube doch eher an den Osterhasen, als dass Jesus auferstanden ist«, trompetete mir mal jemand in einer Talkshow entgegen und kam sich dabei wahnsinnig originell vor. Paulus schreibt, von Biermann großartig modernisiert: »Wäre aber Christus nicht auferstanden, so hätte unsere ganze Predigt keinen Sinn und euer Glaube hätte keine Grundlage« (1. Korintherbrief 15, 14).

Für jeden, der zwei und zwei zusammenzählen kann, ist Ostern weder Märchen noch Legende, sondern die bestbezeugte historische Tatsache der Antike. Denn dieser Korintherbrief wurde von Paulus geschrieben, als die Zeugen noch lebten. Wäre das Lüge, es müsste sich doch irgendwo in der antiken Literatur der Aufschrei finden lassen: Alles Betrug, alles Humbug, eher gibt es den Osterhasen ... Dreißig Jahre nach dem Ereignis fordert Paulus sogar dazu auf: Fragt doch mal diejenigen, die das gesehen haben. Fragt die Zeugen! Geht nach Jerusalem und überzeugt euch selbst, ob Jesus wirklich noch mal gelebt hat, nachdem er am Kreuz hingerichtet wurde! Ostern war nachprüfbar – das hat kein anderes historisches Ereignis der Antike von dieser Dimension zu bieten.

Wer von Ostern redet, steht auf dem festen Boden der Tatsachen. Ob man den Schritt weitergeht und daran glaubt, dass dies nun Auswirkungen auf das eigene Leben hat, das steht auf einem anderen Blatt. Aber das leere Grab auf das Niveau von Nestern des Osterhasen zu senken oder gönnerhaft zu betonen, als Akademiker glaube man so etwas natürlich nicht, das zeugt von mangelnder (historischer) Bildung.

Jesus lebt, das heißt: Er hat den Tod, den größten Feind des Menschen, besiegt, es gibt Hoffnung über den Tod hinaus.

Wenn das Grab leer ist, gibt es keine begrabenen Hoffnungen, auch wenn man, wie die Storcks, in einem DDR-Stasi-Knast buchstäblich begraben ist. Hoffnung ist das Seelenbrot, nicht an Verzweiflung und Sehnsucht zu verhungern. Auch durch eine solche Liedstrophe von Wolf Biermann, die wie ein Choral wirkt:

> »Wir wolln es nicht verschweigen
> In dieser Schweigezeit:
> Das Grün bricht aus den Zweigen,
> wir wolln es allen zeigen,
> dann wissen sie Bescheid!«

Der frühere Bundespräsident Johannes Rau sagte mir einmal: »Unsere Hoffnung muss immer größer sein als unsere Sorge, unsere Erwartung immer größer als unsere Erinnerung.« Das ist Ostern! Das ist in der Tat die härteste Währung auf dem Markt der Hoffnungen.

Mehr Durchblick hätte ich Wolf Biermann allerdings bei der Bundestagswahl 2017 gewünscht. Unter dem Motto »Demokratie feiern!« warb er fürs Wählen. Dem kann ich mich nur anschließen. Doch er verband das, ganz in Biermannscher Wortgewalt, die kein Pardon kennt, mit einer Pauschalschelte der Ostdeutschen. Sie wüssten Freiheit und Demokratie nicht zu schätzen, weil sie den »falschen Parolen« hinterherlaufen. Was dann am Wahlabend ja auch zu besichtigen war. Die frühere DDR-Bürgerrechtlerin Angelika Barbe (CDU) antwortete darauf in einem Offenen Brief im Polit-Magazin *Cicero*, dem eigentlich nichts hinzuzufügen ist. Sie drehte den Spieß mit guten Gründen einfach um: »Wer den Rechtsstaat schätzen gelernt hat, will ihn nicht wieder hergeben.«

Gegen das idiotische (= laienhafte) Argument, Ostdeutsche dürften doch nichts gegen Ausländer und Asylbewerber sagen, weil sie ja kaum welche hätten, konterte *Cicero*-Chef Christoph Schwennicke in meiner Sendung: »Auch Leute, die keinen Führerschein besitzen, können eine Meinung zum Tempolimit haben.« Und der renommierte Historiker Heinrich August Winkler, ideologisch völlig unverdächtig, schreibt den (Alt-)Parteien am Tag der Bundestags-Konstituierung ins Stammbuch, »dass sie es sich oft zu einfach gemacht haben, dass sie Probleme, von denen große Teile der Bevölkerung zu Recht beunruhigt sind, geleugnet, verdrängt oder schöngeredet haben ... innere Sicherheit, Migration und Integration.«

Die armen
reichen Kinder

Jedes fünfte Hauptstadtkind ist überfordert. Das glaubt eine Studie belegen zu können, die rechtzeitig zum Schulbeginn nach den Berliner Sommerferien veröffentlicht wurde. In einer Zeitung las ich, worüber die meist zehnjährigen Schüler so alles klagen. Als ich dann auch noch die Studie durcharbeitete, war mir klar: Wir reden hier nicht mehr von Kindern, sondern von kleinen Erwachsenen, die man um ihre Kindheit betrügt. Wie gut hatten wir es doch früher in den 1950er Jahren, als die Schule um 13 Uhr schloss, noch schnell Hausaufgaben erledigt wurden und dann nur noch Spielen angesagt war. Ohne Handy und Markenklamotten, abends verschmutzt und abgekämpft wieder im Elternhaus zurück – aber glücklich! Es hat keinen Sinn, alte Zeiten zu verherrlichen. Aber ist nicht wirklich etwas dran, dass die heutige Kindheitsphase die reinste Mogelpackung ist?!

Heute hat man den Eindruck, dass Zehnjährige einen volleren Terminkalender haben als ein Manager. Die befragten Schüler haben bis nachmittags Unterricht (sind wir Älteren so viel blöder, weil wir das nicht hatten?!) und ab dann volles Programm. »Ich muss zum Judo und zum Klavierunterricht, obwohl ich oft keine Lust darauf habe«, sagt Helena. »Ich würde gern viel mehr mit Lego spielen, aber Schule und Ballett gehen vor, sagt meine Mutter«, so die siebenjährige Sofia. Eric (10) will (oder nicht besser: soll?!) Fußballer werden, muss dreimal die Woche zum Training

30

und am Wochenende zum Turnier. Der Rest ist Schule. Was für eine arme Kindheit im reichen Deutschland!

»Hausaufgaben, Leistungs- und Termindruck sind die größten Stressfaktoren für die Sechs- bis Vierzehnjährigen«, so die Studie. Die Folgen sind fatal: Kinder werden aggressiv, traurig, ängstlich und haben weniger Selbstbewusstsein. Die überforderten Kinder beschweren sich am meisten darüber, dass sie etwas tun müssen, wozu sie keine Lust haben. Und für das, was sie gerne machen, zu wenig Zeit bleibt. So wird die Entwicklungsstufe »Kindheit« zur reinsten Mogelpackung, wenn wir diese wichtige Phase einfach überspringen und statt Kinder lauter kleine Erwachsene erziehen. Oder besser gesagt: dressieren.

Gebt euren Kindern ihre Kindheit zurück! Mehr bedarf es eigentlich nicht. Die Psychologen der Studie raten, mit den Kindern zu kooperieren oder ihnen »Räume der Autonomie« zu schaffen. Was für ein Stuss! Lasst die Kinder Kinder sein, das sagt die Lebenserfahrung und würde reichen, die meisten Probleme zu lösen. Da sich aber Eltern am liebsten über ihre Kinder selbst verwirklichen, habe ich nicht viel Hoffnung, dass sich etwas ändert. Solange es wichtiger ist, dass das Kind (und damit man selbst) mit den Nachbarn oder Mitschülern mithalten kann, als dass es glücklich ist, sind Hopfen und Malz verloren.

Jesus Christa und die Mondin

Wenn man mal was richtig Verrücktes erleben will, dann muss man auf den Kirchentag. Ich bin »leider« zur selben

Zeit immer in Urlaub, aber Berlin 2017 durfte man sich einfach nicht entgehen lassen. Noch nie ist dieser »Event«, der ja immer schon nichts anderes als ein mit Liedern umrahmter rot-grüner Parteitag war, von der sonst so milden Presse dermaßen niedergemacht worden. Weniger durch ernsthafte Kommentare denn durch Hohn, Spott und blankes Entsetzen. Fassungslos schauen Kollegen, die längst aus der Kirche ausgetreten und alles andere als konservative Spießbürger sind, auf dieses Spektakel, das oft pure Realsatire ist. Die Naivität der politischen Debatten wurde nur noch durch die Anbetung Obamas übertroffen, der es – wie von mir öffentlich prophezeit – fertigbrachte, alles andere zur Nebensächlichkeit und den Wittenberger Abschlussgottesdienst zu einer besuchsmäßigen Pleite werden zu lassen (»Obama auf dem Kirchentag ist parasitäre Publizität«. Peter Hahne schon drei Wochen vorher in einem Interview mit der *Neuen Osnabrücker Zeitung*, das es auf den *BILD*-Titel schaffte). Wer Obama und den an ihn ranwanzenden EKD-Chef erlebt hat, konnte ja auch getrost nach Hause fahren: »Wo ich doch schon mal neben Ihnen sitze ...« – worauf Mitdiskutantin Merkel genial konterte: »Ich dachte, *ich* sitze gerade neben Herrn Obama ...« Keine Satiresendung ohne diese Szene, selbst in den Nachrichten!

Doch apropos Lieder: Das war nun der Knaller, wenn's nicht so traurig und vor allem so kostspielig gewesen wäre. 265 000 Liederbücher (in Worten: zweihundertfünfundsechzigtausend!) mussten neu gedruckt werden, weil man sich endlich von den patriarchalisch-autoritären Altherrenliedern dieser weißen Männer vergangener, Frauen verachtender Jahrhunderte emanzipieren wollte und ein neues, gendergerechtes Liederbuch hermusste. Ganz zu schweigen vom Frevel an Autoren, die sich nicht mehr wehren können: Wie kann man Lieder umschreiben, die über Jahrhunderte Menschen in Kriegen und Katastrophen getröstet haben, die sie auswendig konnten, als eiserne Ration, als »Seelenbrot« (Wolf Biermann) für Zeiten schwerster Krisen, Verfolgung, Einsamkeit, Schicksalsschlägen.

Die *FAZ* titelte: Das Liederbuch des Evangelischen Kirchentages spinnt. Auch andere Kollegen ließen ihrer Empörung freien Lauf. Statt des großartigen, rund um die Welt gesungenen »Lobe den Herren …«, war man verdammt (im wahrsten Wortsinn!), nun zu singen: »Lobe die E'wge«. Dass damit auch jeglicher Reim auf der Strecke blieb, störte die »Gender-Wissenschaftlerinnen« nicht – und nie hat man erfahren, was der ganze Spuk dem Kirchensteuer-Scherflein der »Witwe und der Schwäbischen Hausfrau« gekostet hat, Honorare, Reisekosten, Hotels, Arbeitsgruppen und der Druck. Und schließlich das Sterben der Regenwälder für das Papier … Da hilft nur noch das Erbarmen von Jesus Christa! Bei »Wer nur den lieben Gott lässt walten« wird Gott im Laufe des Liedes durch »die Allmächtige« ersetzt, ganz gleich, ob das zu Reim und Versmaß passt. So treibt diese Gesinnungs- und Sprachdiktatur harmlose Christen in den Gender-Wahn! Keine Rücksicht auf geistlich tief geprägte Männer und Frauen (!), die vor Jahrhunderten aus eigenen Lebens- und Herzenserfahrungen in ihren Liedern Gleichnisse und Gemälde in perfektes Versmaß und in zeitlose Worte und Töne setzten, die heute noch jeder versteht.

33

Die *FAZ*-Bildungsexpertin Heike Schmoll schreibt in ihrem von blankem Entsetzen gekennzeichneten Artikel, dass diese Damen selbst vor Matthias Claudius nicht zurückschrecken. Jenem großartigen Hamburger Journalisten, der seinem »Wandsbecker Boten« den Untertitel gab: »Etwas Festes muss der Mensch haben«. Doch diese Kirchentagsdichter sind nicht mehr ganz dicht. Es ist nichts mehr fest und beständig, erst recht nichts mehr heilig. Sie lassen bei Abendstimmung das unübertroffene Claudius-Lied »Der Mond ist aufgegangen« singen und wollen weder den »kranken Nachbarn« noch die in Gottes Namen ruhenden Brüder bestehen lassen.

Claudius verengt es doch bewusst wie ein Zoom im Film, wie ein Fokus im Gemälde, auf den »kranken Nachbarn«, also den Allernächsten, um den man sich sorgt. Daraus aus bloßer Ideologie die Allerweltsphrase »alle kranken Menschen« zu machen, ist unter dem Niveau eines Groschenromans. Und das Volk genderisierter Schäfchen singt mit Inbrunst: »So legt euch, Schwestern Brüder, in Gottes Namen nieder ...« Ein Kommentar im Internet macht daraus – und ich zitiere das bewusst, weil es den Ernst der Lage und die abgrundtiefe Verachtung gegenüber der heutigen Kirche widerspiegelt: »So legt doch endlich, Brüder, die holden Schwestern nieder ...«

Im Internet wird gnadenlos gespottet, voller Verachtung. Das ist schlimmer als auslachen oder verfolgen, Verachtung ist der Preis für selbstverschuldete Lächerlichkeit. Doch was soll man anderes haben, vor allem vor denen, die sich das tatenlos gefallen lassen. Gestandene Bischöfe und Spitzenpolitiker schunkeln »beschalt« und beseelt wie beschwipst zu diesen Liedern und merken gar nicht, wie selbst Atheisten angewidert wegschauen. Niemand hat den Mumm, dem Mumpitz, dieser lächerlichen und vor allem Millionen teuren Infantilisierung abendländischen Kulturgutes ein Ende zu machen und in der »Methode Luther« auf den Tisch zu hauen, sich dem Treiben in den Weg zu stellen.

Ich erinnere mich an den leider fast vergessenen Theologen und großen Prediger Helmut Thielicke. Seine Gottesdienste im überfüllten Hamburger »Michel« mussten während der 68er-Revolution von der Polizei, einmal sogar der Bundeswehr(!), geschützt werden. Aber der Mann hatte Mumm! In seiner Lebensbilanz schreibt er, dass er den Studentenkrawall unter »jugendlich rebellisch« abgehakt hat. »Verachtung habe ich jedoch gegenüber den Professoren-Kollegen, die ohne jeden Widerstand auf die Stimme der Gosse gehört haben.« Ganz genauso habe ich's in Heidelberg erlebt: weltberühmte Theologen, die vor den 68ern kuschten – und wenige wie den Systematiker Albrecht Peters, der seine Vorlesungen mit Losung und Gebet begann, seine Frau mit feuchten Handtüchern im Hintergrund, falls wieder Eier flogen. Das waren wahre Gelehrte, die Gesicht und Haltung zeigten, nicht jene feigen intellektuellen Leichtgewichte mit ihrer Anbiederung an den Zeitgeist!

Und wer aus dieser Geschichte nichts gelernt hat, ist nun verdammt, sie noch einmal zu wiederholen. Nur dass es noch primitiver geht, hätte ich nie gedacht. In einem Leserbrief rettet sich die Schreiberin in Ironie und Sarkasmus, um ihren Abscheu vor dieser Kirchentags-Dichtkunst (ein Paradebeispiel, dass Kunst eben nicht von Können kommen muss!) auf die Spitze zu treiben. Sie schlägt eine Revision des neuen Gesangbuchs vor, Geld ist ja genug da, und macht schon mal einen Vorschlag zur Umdichtung von »Der Mond ist aufgegangen«:

> Mondin ist aufgegangen,
> die Gender-Sterne prangen
> am Kirchentag ganz klar.
> Vernunft steht schwarz und schweiget,
> und aus Gehirnen steiget
> der rosa Nebel sonderbar.

Der bekannte Komponist und Musikproduzent Jochen Rieger schreibt in *idea-spektrum* über diese »änder-Gender-Musik« erschüttert: »Die Textverstümmelungen sind eine ideologisch inspirierte Schnapsidee, die jedem Vollblutmusiker das Herz zerreißen.«

Diese Sprache ist nicht gerecht, sondern einfach nur dumm. Für so etwas werden Millionen und Abermillionen verpulvert, aber das Geld fließt ja in Strömen. Kirche ist bekanntlich die einzige Firma, die völlig erfolgsunabhängig ihr Geld bekommt. Solange die Berliner Steuerkassen überlaufen, wird die Summe der Kirchensteuer trotz Mitgliederschwund auf hohem Niveau dennoch immer höher. Mathematisch gesprochen: Die Einnahmen sind reziprok zu den Austritten. Denn eins ist glasklar: Müsste sich zum Beispiel der Kirchentag allein aus Spenden finanzieren und bekäme keine rund 60 Millionen (!!) von Staat und Kirche und ließe sich nicht auch noch schamlos von VW sponsern (moderner Ablasshandel: Kirchensponsoring gegen Abgasskandal!), er wäre mausetot. Und alle würden die schönen alten Lieder in der schönen alten Sprache, die viele sogar noch auswendig können, mit schöner neuer Inbrunst und erleichtertem Seufzen singen: Lobe den Herren ...

Grüne, Köter, Selbstverachtung

Anklage wurde gar nicht erst zugelassen. Die Hamburger Staatsanwaltschaft wies eine Anzeige gegen den Grünen-Politiker und Vorstand des Türkischen Elternbundes, Malik Karabulut, zurück. Nein, meinte eine Staatsanwältin, das sei keine Volksverhetzung und keine Beleidigung. Also ist es eine Lappalie, wenn man die Deutschen als »Köter-Rasse« bezeichnet. Respekt vor dem Land, in dem man lebt? Mogelpackung!

Armes Deutschland! Nach der Armenien-Resolution des Bundestages im Herbst 2016 hatte der Türkischstämmige auf Facebook geschrieben: »Diese Schlampe mit dem Namen Deutschland hat uns den Krieg erklärt – und wir schweigen immer noch. Ab jetzt könnt ihr was erleben.« Ohnehin seien die Deutschen ja nichts anderes als eine »Köter-Rasse«. Ungeheuerlich, aber offenbar in einem Staat, der sich am liebsten selbst verachtet, nicht strafbar. Das wäre es erst gewesen, so die Staatsanwaltschaft, wenn man ganz bestimmte Gruppen aus ethnischen, rassischen oder weltanschaulichen Gründen angegriffen hätte. Hier ging es ja »nur« um die breite Allgemeinheit, nicht um spezifische Menschen. Im Klartext: Das ganze Land kann man ruhig und ohne Folgen verunglimpfen, solange man nicht bestimmte Bevölkerungsgruppen meint.

So ist es auch nicht strafbar, die Polizei »A.C.A.B.« zu nennen, also »all cops are bastards« – alle Polizisten sind Schweine, Scheißkerle, Bastarde. Dies sei, so das Karlsruher Bundesverfassungsgericht, erlaubt, da man ja keine konkreten Polizisten so benennt. Im Amtsdeutsch: »Von der Meinungsfreiheit geschützt, wenn es sich nicht auf eine hinreichend überschaubare und abgegrenzte Personengruppe bezieht.« Schon beim Kruzifix-Urteil oder dem »Soldaten-sind-Mörder«-Freispruch erlaubte ich mir anzumerken: Wer schützt unser Grundgesetz eigentlich vor dem Bundesverfassungsgericht?! Und warum gibt's eigentlich keinen Volksverhetzungsparagrafen gegen inländerfeindliche Diffamierungen?

Kaum ein Staat, der sich selbst so klein macht wie das große Deutschland. Kaum ein Volk, das sich selbst so verachtet wie das unsrige. Manches trägt schon psychopathische Züge in seinem Sadomasochismus. Beispiel Claudia Roth, damals immerhin Bundestagsvizepräsidentin. Die streitbare Grüne, von mir durchaus geschätzt wegen ihrer Prinzipientreue selbst bei unsinnigsten Thesen, beteiligte sich im November 2015 in Hannover an einer Demonstration gegen die AfD »Bunt statt braun«. Hinter ihr wurde skandiert »Deutschland verrecke!«, aus dem Lautsprecherwagen dröhnte: »Deutschland, du mieses Stück Scheiße!«

Roth wäre wie eine Furie auf die »Täter« losgegangen, hätten sie etwas anderes, Rassistisches, »Rechtes« gerufen. In diesem Fall war Schweigen im Walde, selbst in zahlreichen Talkshows, in denen sie darauf angesprochen wurde. Konsequent tat das immer wieder der jüdische Publizist Henryk M. Broder.

Kein Funke Patriotismus, kein bisschen Ehrgeiz, als parlamentarische Politikerin eines demokratischen Gemeinwesens und eine der protokollarisch Ranghöchsten, diesen Staat mit Vehemenz zu verteidigen. Im Gegenteil. Grüne Spitzenpolitiker forderten doch allen Ernstes zur Fußball-EM und WM, bei den Siegesfeiern auf den Fanmeilen und in den Kneipen die schwarz-rot-goldenen Fahnen einzurollen und das Deutschlandlied zu verweigern. Das schaffe nur nationalistischen Hass!

Ich trat im geschätzten *ARD*-Talk *hart aber fair* gegen die Vorsitzende der Grünen Jugend an. Selbst das Publikum machte den Eindruck, mich bewusst missverstehen zu wollen, als ich mich für Fahne und Hymne einsetzte. Ich konterte mit Ex-Bundespräsident Johannes Rau (»Ein Patriot ist jemand, der sein Vaterland liebt. Ein Nationalist ist jemand, der die Vaterländer der anderen verachtet.«) und dem früheren Präsidenten des Zentralrates der Juden in Deutschland, Paul Spiegel: »Das Fehlen von Patriotismus führt zu einem neuen Nationalismus.« Haben wir nach dem erfolgreichen Marsch der 68er durch die Institutionen unserer Bildung unser letztes Stück Selbstachtung und jede Form von Geschichtsbewusstsein verloren?!

Ich versuchte, den vielen im Studio anwesenden Jugendlichen zu erklären, woher Hymne und Fahne stammen, ihnen aus Zeitgründen in ein paar Schlagworten von Helgoland und Hambach zu erzählen. Sie fühlten sich jedoch geschlagen, als wäre ein Rechtsextremist auf sie losgegangen. Kein Wunder, da es doch in Deutschland in vielen Lehrplänen keinen ordentlichen Geschichtsunterricht mehr gibt. So kommt es, dass ich bei der Vorbereitung einer

Sendung mit dem renommierten jüdischen Historiker Michael Wolffsohn auf einen völlig ahnungslosen jungen, akademisch gebildeten Kollegen stieß: Als ich ihn bat, zum Thema Patriotismus das Hambacher Fest in das Material einzubauen, meinte er ratlos nach einigem Recherchieren, ob ich denn ernsthaft das bevorstehende Weinfest in Hambach thematisieren wolle. Hambacher Schloss, Hambacher Fest, schwarz-rot-gold – null Ahnung.

Die Bildungskatastrophe schreit zum Himmel.

Und wer Bildung hat, erinnert sich vielleicht an Philipp Melanchthon, den Mitstreiter Martin Luthers. Vor 500 Jahren erzählte er in einem Vortrag von einem türkischen König. Der ließ sich die Trachten aller Völker malen, um etwas von deren Kultur und Tradition zu erfahren. Als der Künstler fertig war, malte er zuletzt noch einen nackten Mann und neben ihn ein buntes Tuch: Das ist ein Deutscher, für den ich keine bestimmte Tracht malen kann, weil er täglich neue erfindet.

Wahrheit statt Wortmüll

Ich kann es nicht mehr hören. Nach jedem islamistischen Terroranschlag die gleichen Polit-Sprechblasen, diese elenden Mogelpackungen naiven Gutmenschentums: Das hat alles nichts mit dem Islam zu tun! Und, fast noch schlimmer: Wir haben keine Angst und lassen uns von Terroristen unseren freien Lebensstil nicht kaputt machen. Erstens hat jeder Terroranschlag, der von Muslimen im Namen Allahs verübt wird, etwas mit dem Islam zu tun. Und zweitens habe ich Angst, jawohl! Sonst wäre ich ja nicht ganz zurechnungsfähig.

Da ist Jesus Christus vor 2000 Jahren ja noch realistischer als unsere heutigen Gutwetter-Politiker und Bischofs-Schönredner: »In der Welt habt ihr Angst ...« Auf solchen Anti-Angst-Irrsinn können nur Menschen kommen, die in einer abgehobenen Parallelgesellschaft leben, sich in bewachten Limousinen kutschieren lassen und jeglichen Kontakt zur Wirklichkeit verloren haben. Dieses dumme Geschwätz ist eine Zumutung für mündige Bürger.

Jeder glaubt, seinen überflüssigen Phrasen-Senf dazugeben zu müssen. Da ist dann vom europäischen Islam die Rede, der doch so ganz anders ist. Nur ein Promille sei gewalttätig, der größte Teil völlig harmlos. Als finge Gewalt nicht schon bei Worten an, bei der Erziehung oder in manchen Moscheen. Wenn ein Junge bereits mit der Muttermilch sein patriarchalistisches Frauenbild eingeimpft bekommt, dann können nur Idioten (griechisch für: Laien, Nichtfachleute) das friedlich nennen. Wenn eine Religion einen politischen Anspruch erhebt, den Antisemitismus zum Gebot erklärt und jede Form westlicher Freiheit als dekadent betrachtet, wo ist denn da der Friede?!

Seit Jahren wird einfach hingenommen, dass auf deutschen Schulhöfen aus dem Mund von muslimischen Kindern und Jugendlichen die schlimmsten Schimpfwörter sich nicht bei Blödmann oder Armleuchter erschöpfen, sie lauten: schwul, Jude, Christ. Wer eine Mitschülerin als Christen-Schlampe oder schlimmer bezeichnet, ist kein Garant für eine Kuschel-Integration mit dem Regenbogenband der Sympathie.

Nicht jeder Islam ist Islamismus, das ist wahr. Aber jeder Islamismus ist Islam. Und wenn man nach einer klassischen Mogelpackung sucht: Islam heißt übersetzt »Frieden«. Man glaubt es kaum. Doch wo bleiben dann die mächtigen Friedens-Demonstrationen, in denen sich friedliebende Muslime massiv und massenhaft gegen den Terror wenden?! Nach dem Anschlag von Barcelona im Sommer 2017 sollten 10 000 in Köln aufmarschieren, es waren ein paar Hundert. Selbst Muslime waren darüber erschüttert. »Wo sind die Protagonisten des friedlichen Islam?«, fragt provozierend der katholische Bischof von Passau, Stefan Oster. »Wann endlich wagen sich die Muslime aus der Deckung mit allem religiösen, politischen, gesellschaftlichen Einfluss, den sie aufbringen können?«

Die gleiche Forderung erhebt der sächsische Landesbischof Carsten Rentzing in einem Interview der Evangelischen Nachrichtenagentur *idea*: »Ich würde von den Entscheidern des islamischen Glaubens zumindest erwarten, dass sie sich zu den Anschlägen äußern« – nämlich ob das nun zu ihrer Religion passt oder nicht. »Ich vermisse diese Klarheit. Da kann und muss man mehr erwarten. Wenn es stimmt, dass der Islam eine Religion des Friedens sein will, dann muss das doch auch klar gesagt werden können.«

Wir dürfen Terroristen nicht den Triumph schenken, das stimmt. Aber ich will nicht immer von »feigen Anschlägen« hören, von »unschuldigen Opfern« und »Menschen, die nur tanzen wollten und jetzt tot sind« – und dann zur Tagesordnung übergehen. Ich will mich geschützt wissen, ich will, dass Schaden vom Volk abgewendet wird. Das haben Regierende in ihrem Amtseid geschworen. Darauf haben wir Regierten einen Anspruch. Wo bleiben die Video-Überwachungsanlagen, die europäische Datenbank für alle Gefährder und potenziellen Attentäter, Handy-überwachung und -auswertung, warum können sich IS-Terroristen wegen unserer lächerlich niedrigen Strafen ins Fäustchen lachen?

Auch darüber, dass Deutschland Jahre braucht, um das technisch Mögliche gegen Asyl-Betrüger oder Terroristen einzusetzen: einen Computer-Spracherkenner für arabische Dialekte, eine Art Lügendetektor. Oder einen Foto-Scanner für verdächtige Personen in Massenveranstaltungen. Zehn-tausende hätten überführt werden können, wären nie ein-gereist. Jetzt reisen sie nicht aus. Freiheit, und sei es Angst-freiheit, lässt sich nicht beschwören, sie muss mit allen Mitteln erkämpft, geschützt und verteidigt werden. Statt Sprechblasen ist entschlossenes Handeln gefragt. Und jede wirksame Therapie braucht die richtige Diagnose. Wahr-heit statt Wortmüll!

Einbrecher-Eldorado: Mogelpackung Sicherheit

Wir reden über Terror und Krieg, über die Bedrohung durch den Islamismus und die Notwendigkeit von G-20-Gipfeln um den Preis linksradikaler Gewalt – und unsere Politik verkündet stolz, dass sich nach Umfragen und Studien die meisten Deutschen im Lande sicher fühlen. Eine Mogel-packung! Denn eins wird geflissentlich übersehen: dass immer mehr Dolchstöße in das Herz unseres allerpersön-lichsten Privatlebens gehen. Die Opfer von Eigentumsdelikten nehmen dramatisch zu. Unser Land gilt vor allem unter osteuropäischen Banden als Eldorado für Einbrüche. »Wir klauen in Deutschland, weil es dort gut geht. Und weil dort am meisten zu holen ist«, zitiert *rbb*-Kollege Olaf Sundermeyer den Chef eines Roma-Clans.

Und je näher ein Haus an einer Autobahn steht, desto größer ist die Chance, von solchen Banditen heimgesucht zu werden. Nachdem nun auch Spitzenpolitiker betroffen sind und selbst der Objektschutz der Polizei Einbrecher nicht abschreckt, werden härtere Bandagen angezogen. Das wünschte sich wohl auch Grünen-Chef Özdemir, dem während (!) der Koalitionsverhandlungen sein teures Rad geklaut wurde und der »das gar nicht fassen kann«. Ähnlich Hans-Christian Ströbele: Beim eigenen Rad wurde er wach und rief nach der Polizei und sogar nach Videoaufnahmen rund um den Bundestag, wo der Dieb doch sichtbar sein müsste. Konsequenz sieht anders aus. Es ändert sich allerdings nichts, denn ehe die Polizei zuschlagen kann, sitzen die Verbrecher schon wieder jenseits der Grenzen – oder sind hierzulande in der sicheren Wagenburg ihrer Clans.

Der Europäische Rat warnte schon 2015, die schwere organisierte Bandenkriminalität sei im Bereich Innere Sicherheit das Wichtigste. Die Bedrohung sei flächendeckend und allgegenwärtig, der Schaden geht in die Milliarden. Dabei geht es keinesfalls »nur« um den materiellen Verlust. Fast die Hälfte der Einbruchsopfer fühlt sich noch ein Jahr später unsicher und unwohl in ihrem privatesten Bereich. Deshalb hatte der Bundestag recht, als er verschärfte Strafen beschloss – auch und gerade wegen des seelischen

Schadens, den diese Banden verursachen. Aber wie gesagt: Die sind über alle Berge, bevor wir aufwachen ... Und das Ganze hat natürlich nie etwas mit Ausländern oder Flüchtlingen zu tun. Purer Etikettenschwindel.

Deutschland gilt weltweit als Schlaraffenland – und wer zuerst da ist, am geschicktesten »arbeitet« und die cleversten Clan-Mitglieder hat, kann am meisten holen. Die Politik kann noch so viel reden und noch so viele Gutmenschen in Stellung bringen: An der Tatsache, dass die offenen Grenzen geradezu als Einladung ins Einbruchs-Eldorado empfunden werden, ist nicht zu rütteln. Ich erlebe es ja bei Kollegen: Da wird so lange alles als rechtspopulistisches Vorurteil und als Diffamierung Zugezogener abgetan, bis man selbst betroffen ist. Bei einer Kollegin wurde gleich zweimal hintereinander eingebrochen. Da war aber Schluss mit lustig!

Über die Hälfte der rund 170 000 Einbrüche pro Jahr gehen auf das Konto osteuropäischer Banden, alle drei Minuten wird eine Tür geknackt, Wohnungen systematisch leergeräumt – der Bundesverband der deutschen Versicherungswirtschaft spricht vom höchsten Einbruchsstand überhaupt. Selbst Taschendiebstahl und Ladenklau werden bandenmäßig organisiert. Im Brandenburgischen sind entlang der polnischen Grenze Baustellen fast schon so hell beleuchtet wie früher der innerdeutsche Todesstreifen, denn Land- und Baumaschinen verschwinden über Nacht ebenso im großen Stil wie ganze Rinderherden und neuerdings selbst Bienenstöcke. Es gibt Banden, die sich auf die Lager von Drogerie- und Supermärkten spezialisiert haben.

Es klingt wie Hohn, wenn der damalige Innenminister

Wolfgang Schäuble die Warnung der Polizeigewerkschaften vor hoher Kriminalität durch die Öffnung der osteuropäischen Grenzen konterte: »Diesen Preis muss man für die Freizügigkeit zahlen. Es ist der Preis der Freiheit.« So kann nur reden, wer Tag und Nacht von Polizisten umgeben ist, die bis an die Zähne bewaffnet sind. Zynismus pur. Und das Schlimmste: Die Aufklärungsquote für Wohnungseinbrüche liegt bei schlappen 3 Prozent (drei!). Taschen-, Laden- oder Fahrraddiebe würden kaum verurteilt, wenn sie ausnahmsweise mal gefasst werden. Viele Läden melden es schon gar nicht mehr, wenn eine »Flüchtlings«-Gruppe das Wort Selbstbedienung mal wieder allzu wörtlich nimmt. Die wenigen Frauen in den unterbesetzten Riesenmärkten und Discountern haben regelrecht Angst – nur sagen darf keiner was, und berichtet wird natürlich auch nicht.

»Die Polizei in den Großstädten hat längst kapituliert«, beklagt der *rbb*-Kollege Olaf Sundermeyer in seinem Buch *Bandenland: Deutschland im Visier von organisierten Kriminellen*. Viele zeigen die Delikte schon gar nicht mehr an, man schätzt die Dunkelziffer zehnmal (!) so hoch wie die gemeldeten Diebstähle. Nur eines sei klar und nicht zu leugnen, auch wenn darüber sprachpolizeilich geschwiegen werde: Unter den ermittelten Taschendieben waren 90,7 Prozent Nichtdeutsche, bei Wohnungseinbrüchen bundesweit 40,2 Prozent. Im Bereich der Clan-Kriminalität sprechen Experten inzwischen von »polykriminellen Gruppen«: die eine klaut Metall, andere verüben Einbrüche oder betreiben Taschendiebstahl. Bei den Delikten gäbe es regelrechte Altersstrukturen und Hierarchien. Alles weiß man, über nichts wird gesprochen – und nichts wird getan. Notfalls kriegt die Polizei den Schwarzen Peter. Und die Politik schaut zu, wie sie die nächsten Wahlen gewinnt.

Respekt,
liebe Lidl-Leute

Lidl lernt und lenkt ein! Die Supermarktkette reagierte blitzschnell auf den wohl unerwarteten Proteststurm ihrer Kunden. Die rebellierten in einem Internet-Shitstorm ungeahnten Ausmaßes gegen Etikettenschwindel und Mogelpackungen. Obwohl der Anlass gar nicht die klassische Mogelpackung war. Darüber regt sich ja inzwischen jeder auf, dass die Verpackungen immer größer, der Inhalt jedoch immer kleiner wird. Jeder Umweltschützer müsste doch konsequenterweise protestieren und solche Marken boykottieren, denn XXL-Verpackungen bedeuten: noch mehr Raubbau an der Natur durch Papier- und Farbherstellung und höheren Energieverbrauch.

Schweigen im (Regen-)Walde der sonst doch immer so regen rot-grünen Aktivisten. Sie kaufen fröhlich die Billigangebote der Discounter in Riesenverpackungen, in denen oft mehr Luft als Inhalt ist. Warum regt sich da keiner auf? Ich tue es und frage mich: Es reicht doch eine Verpackung, die exakt den Inhalt umschließt. Manche Ware lässt sich auch ohne aufwendige »Umhüllung« prima verkaufen. Warum müssen zum Beispiel Tuben und Dosen noch extra eingepackt werden? Wenn man die Ware ans Ohr hält und schüttelt, weiß man warum: Mehr Schein als Sein, echte Mogelpackungen.

Doch darum ging es bei Lidl nicht. Mich wundert heute noch die rasende Wut der Kundschaft in unserem Multi-kulti-Land mit rasantem Verfall des christlichen Glaubens und der abendländischen Werte. Da muss ich ein Vorurteil abbauen: Die Deutschen sind doch hellwach. Vielleicht auch, weil ihnen inzwischen zu viel an Tradition und Ritual genommen wird, meist aus vorauseilendem »Tole-ranz«-Gehorsam von Politik und Kirche. Der Discounter Lidl hatte auf den Verpackungen einer Lebensmittel-Marke herrliche griechische Motive abgebildet. Auch Kirchen und Kapellen waren vor strahlend blauem Himmel zu sehen. Doch da fehlte etwas, was aufmerksame Kunden gleich bemerkten: Die Kuppelkreuze hatte man einfach wegretuschiert, ganz offensichtlich wegen der zunehmen-den muslimischen Kundschaft.

Ähnlich hatte es der Schokoladenhersteller Cadbury ver-sucht und das Wort Ostern aus dem Programm gestrichen. Die Ostereier heißen nur noch Schokoeier, und die legen-däre britische Ostereiersuche der Firma wird nun Cadbury-Eiersuche genannt. Das rief nicht nur Kirchen, sondern auch die Londoner Regierung auf den Plan: Firmengründer John Cadbury war schließlich ein frommer Quäker, und Europa ist immerhin (noch) christlich in Kultur und Wer-ten. Dennoch: Geschäft geht vor ... Nicht Gott, sondern Geld regiert die Welt! Alle Berufung auf europäische Unter-nehmenskultur und humane Arbeitswelt: reinste Mogel-packungen!

Anders Lidl! Nach anfänglichen Ausreden kam schnell die Entschuldigung, und zwar ohne Wenn und Aber: »Wir haben einen Fehler gemacht, kommt nicht wieder vor«, hieß es aus der Konzernzentrale, die im pietistischen Württemberg liegt. Übrigens: Als die Kirchen in Sachen Lidl-Kreuz aufwachten, war die Schlacht schon geschlagen. Die Verbraucher haben sich schneller als geahnt durchgesetzt. Es lohnt sich also, gegen Mogelpackungen und Etikettenschwindel zu protestieren. Selbst gegen einen so mächtigen Konzern mit 10 200 Filialen! Und der hätte eine wohlfeile Ausrede gehabt, gegen die niemand etwas hätte einwenden können: Da schon höchste deutsche Bischöfe aus »Respekt« vor Muslimen ihr Kreuz »wegretuschieren«, wenn sie den Jerusalemer Tempelberg besuchen, warum soll uns das verboten sein ...

13. Monatsgehalt unerwünscht?

Leiden Sie vielleicht an Paraskavedekatriaphobie? Dann legen Sie diese Furcht, die sich zu chronischer Krankheit steigern könnte, bitte schleunigst ab. Es ist der panische Wunsch, unbedingt im Bett zu bleiben. Nicht wegen Grippe, Magen-Darm oder Rücken, sondern weil der Freitag auf einen 13. fällt. Rund dreimal im Jahr kommt das vor und macht den Leuten Angst und Bange. Um das so richtig wissenschaftlich auszuloten, als hätte man einen entsprechenden Studienabschluss mit Griechischkenntnissen, setzen wir das mal kurz zusammen: »paraskeue« (Freitag), »dekratia« (dreizehn) und »phobos« (Angst). Wer das alles nicht über die Lippen bringt, bleibt am besten bei »einfach im Bett bleiben«.

Wenn dann auch noch schönster Sommer-Sonnenschein herrscht, bringt man allerdings ein völlig sinnloses Opfer. Denn für Italiener ist die 17 die Unglückszahl, für das Judentum ist die 13 sogar eine Glückszahl. Wie intolerant und nur zufällig treffsicher, wenn die Lufthansa keine Reihe 13 kennt, Hochhäuser keine 13. Etage und Hotels und Krankenhäuser auf Zimmernummer 13 verzichten. Und der Komponist Arnold Schönberg (1874 bis 1951) schuf ganz umsonst die Zwölftonmusik und kennzeichnete extra den 13. Takt seines Chorwerkes.

Viel Liebesmüh (besser: Angstpotenzial!) für eine Zahl, die durch Zahlen widerlegt wird, man sollte also lieber Mathematik als Griechisch studieren! Die Versicherungsmathematiker der »Zurich Gruppe Deutschland« haben nämlich errechnet, dass am Freitag, dem 13., zehn Prozent *weniger* Unfälle passieren als an normalen Wochentagen. Selbst wenn ein anderer Tag auf einen 13. fällt, gibt es dort mehr Versicherungsschäden als am herkömmlichen Angst-Freitag.

Jedes Trara um Freitag, den 13., in fast allen Medien in steter Regelmäßigkeit geboten, ist also purer Unsinn, geht an allen wissenschaftlichen Erkenntnissen meilenweit vorbei und nutzt die Ängstlichkeit der Bürger aus. Papst Franziskus hat also recht, wenn er Freitag, den 13., samt Horoskopen und Aberglauben als etwas bezeichnet, was für denkende Menschen schlicht unwürdig ist.

Denn es gilt der Satz derer, die auf Jesus Christus und sein Wort setzen: Überzeugte Atheisten, die Glauben zur Vordertür ihres Lebenshauses hinausschmeißen, holen den Aberglauben zur Hintertür herein. Und mit ihm Angst! Der vermeintliche Unglückstag könnte also mit der Bibel *und* der Wissenschaft, mit Glauben *und* Denken zu einem der fröhlichsten Tage werden, Sitzreihen, Hausetagen und Hotelzimmer zu den begehrtesten. Um diese Chance bringen sich und uns alle, die ihren Kleinglauben mit Wissenschaftlichkeit kaschieren. Es stimmt: In der uralten Bibel stehen erstaunliche Lösungen für aktuelle Probleme. Man sollte zu lesen beginnen! Das würde dem Land der Dichter und Denker alle Ehre machen. Doch in der Lounge des Münchner Flughafens, oft von Orientalen genutzt, sah ich im Regal einen zerlesenen Koran, darunter eine Bibel mit einer dicken Staubschicht. Armes Deutschland.

Apropos Armut: Ich habe noch niemand kennengelernt, der aus Aberglauben auf sein 13. Monatsgehalt verzichtet.

Rasen und Rauchen für die Rente

Es gibt nichts, was nicht von irgendwelchen Experten – meist selbsternannten! – erforscht wird. Aber folgende Zahlen sind kein Hokuspokus, es sind mathematische Fakten: Wer raucht, rast und trinkt, entlastet die Allgemeinheit. Wer dem Staat also etwas Gutes tun will, sollte viel Autofahren, noch mehr trinken und dabei noch exzessiv rauchen! Rentenversicherer und Krankenkassen sind sich einig: Da Raucher und Trinker im Durchschnitt fünf Jahre eher sterben als diejenigen, die auf die Warnungen des Arztes oder der Drogenbeauftragten hören, wird die Rentenkasse spürbar entlastet. Das spart den Kassen hunderte Millionen Euro im Jahr. Damit widersprachen die Rechenexperten der landläufigen Meinung, gerade diese Gruppe unserer Gesellschaft würde zu hohe Kosten verursachen, weil die Behandlung der Suchtfolgen so teuer ist, dass unterm Strich die draufzahlen müssen, die bewusst und gesund zu leben versuchen.

Was aber viel makabrer ist: Würden wir auf den Staat hören, das heißt die Todeswarnungen auf den Zigarettenschachteln oder die Appelle der Drogen- und Umweltbeauftragten beherzigen, wir ritten unser Gemeinwesen ganz gemein und egoistisch in den Ruin. Nirgends kassiert der Fiskus so viel Steuergeld wie bei Tabak, Alkohol oder Benzin. Und nicht zu vergessen: Anfang des dritten Jahrtausends war das ja sogar ein geradezu offizieller Slogan: Rauchen für die Sicherheit, Rasen für die Rente. Denn die damaligen Steuererhöhungen der rot-grünen Schröder-Regierung waren für die Finanzierung der Inneren Sicherheit und die Rentenkasse gedacht. Das führte zu heißen Diskussionen in der Bevölkerung und hitzigen Redeschlachten im Bundestag. In der Haushaltsdebatte rechnete das der damalige Unions-Fraktionschef Friedrich Merz Kanzler Gerhard Schröder Zigarette für Zigarette, Tankfüllung für Tankfüllung vor. Und sein FDP-Kollege Westerwelle sekundierte: »Das ist keine Finanzpolitik, das ist gaga!«

Genauso gaga, genau genommen ein Riesenskandal ist, was leider nur wenigen meiner Kollegen auffiel: Am selben Tag, an dem die Drogenbeauftragte im Sommer 2017 eindringlich vor den Gefahren des Alkohols warnte, verkündete das Finanzministerium, beim Tag der offenen Tür der Berliner Ministerien gebe es eine große Auktion des Zolls, bei der sichergestellte Waren versteigert werden sollen – für einen guten Zweck natürlich. Vielleicht ja für

Suchtberatung, denn unter den Gegenständen, die da unter den Hammer kamen, waren sechs Flaschen Cognac und Whisky.

An diesem kleinen Beispiel wird symbolhaft deutlich, wie die oft gouvernantenhafte Besorgnispolitik mit all ihren Warnungen in Wahrheit eine Mogelpackung ist.

Der Barmherzige Samariter und die Gaffer

»Nun spring doch!« Nie werde ich vergessen, wie ich in den 1970er Jahren bei einem Berlinbesuch diese Szene am Kurfürstendamm erlebte: Ein Mann auf einem Hochhausdach, unten eine immer größer werdende Gruppe Gaffer – und denen wurde die Zeit zu lang, die wollten weiter, Shoppen, Kaffeetrinken ... Und so waren es immer mehr, die in den schauerlichen Schaulustigen-Chor einstimmten: »Spring doch!« Immer wieder passiert so etwas Gefühlskaltes. Oder im Sommer 2017 in Remagen am Rhein: Ein Rettungshubschrauber konnte deshalb nicht landen, weil genau auf dem Platz eine Familie mit Auto stand, die diesen Einsatz filmen wollte. Und als die Polizei einschritt, wurden sie noch frech.

Sie sind die Allerschlimmsten, und man sollte sie im wahrsten Wortsinn aus dem Verkehr ziehen! Wenn einer lebenslänglich Fahrverbot verdient hat, dann sind es die Gaffer. Es scheint sich zu einem Modesport auf deutschen Straßen zu entwickeln, die Rettungskräfte bei ihren Einsätzen zu behindern. Und wenn solche Irren dann mal dingfest gemacht werden, finden sich garantiert wirre Richter, die sie am liebsten noch mit freundlichem Handschlag aus dem Gerichtssaal verabschieden würden.

Beispiel Bremervörde in Niedersachsen: Omar A. (27) hatte mit seinen beiden Brüdern Feuerwehr und Polizei bei einem Unfall behindert, bei dem es zwei Tote gab. Im Handgemenge verletzten sie Feuerwehrleute und Polizisten, es gab eine regelrechte Schlägerei im Angesicht des dramatischen Unfalls. Omar A. kam mit vier Monaten davon, seine Brüder mit einer Geldstrafe von 100 und 150 Euro. Solche Strafen sind ein Witz! Und dann heißt es auch noch bei der Urteilsverkündung: »Im Namen des Volkes!«

Unfassbares auch aus Frankfurt am Main: An der Konstablerwache bricht ein 19-Jähriger ohnmächtig zusammen und muss wiederbelebt werden. Jede Minute entscheidet da über Leben und Tod, wie jeder weiß. Doch ein Menschenmob behindert die herbeigerufenen Notärzte und Sanitäter. Die Polizei muss mit acht (!) Streifenwagen anrücken. Ein Mann, wie es in fast allen Zeitungen verallgemeinernd heißt, ruft sogar zum Stören des Rettungseinsatzes auf: »Die Polizei schlägt immer Leute!« In Wahrheit ein Marokkaner, der seine Freunde zusammentrommelt. Die Gruppe von schließlich 60 Randalierern sei zum Teil polizeibekannt, hieß es später. Von Verurteilungen oder Abschiebungen habe ich allerdings nichts gehört. Der junge Mann konnte Gott sei Dank gerettet werden.

Und was macht die Regierung? Sie bietet eine Mogelpackung! Was als harte Strafe gegen Gaffer angekündigt wurde, verweichlichte im Herbst 2017 zu einer lächerlichen 200-Euro-Buße. Drei Monatsgehälter und drei Jahre Fahrverbot wären doch das Mindeste, oder?

Was treibt eigentlich Menschen an, sich in aller Ruhe einen Unfall anzuschauen, als wäre es ein Streifen im Autokino? Und dabei auch noch zu filmen und zu fotografieren! Wie kann man nur auf die Idee kommen, sich am Leid anderer zu weiden? Auf der Gegenfahrbahn ist der Stau oft länger als auf der Spur mit dem Unfall. Ich empfinde es als schweres Verbrechen, wenn solche Gaffer den lebensrettenden Einsatz von Notärzten, Polizei oder Feuerwehr dadurch behindern, dass sie keine Rettungsgasse bilden. Dabei haben wir das doch alle in der Fahrschule gelernt. Viele Retter berichten, dass für sie die Fahrt zur Unfallstelle oft ein Spießrutenlauf ist. Und das, wo es auf jede Sekunde ankommt. Ganz dreiste Exemplare dieser Unmenschen nutzen die mühsam erkämpfte Gasse dann, um direkt hinterherzufahren, damit man schneller vorwärtskommt. Was aber, wenn noch andere Rettungsfahrzeuge folgen und die Straßen dann völlig verstopft sind?

Wie können Menschen nur so etwas tun? Oder, was der ADAC ermittelte, und was mich fassungslos macht: Irgendwo auf freier Strecke wurde ein Unfall simuliert, den niemand übersehen konnte. Und dann schaute man, wer anhält oder wer vorbeifährt. Wäre das ein echter Unfall gewesen, die Opfer wären allesamt tot. Die meisten fuhren vorbei. Jenseits einer Kurve wurden sie von der Polizei angehalten und nach ihren Motiven gefragt, nicht angehalten und Erste Hilfe geleistet zu haben. Die Ausreden waren erschreckend, die meisten wollten nichts gesehen haben. Oder sie hatten es eilig.

Das erinnert einen, der noch halbwegs über unsere Kultur Bescheid weiß, an ein Gleichnis aus der Bibel, wo es genauso war. Dass in den westlich-abendländischen Kulturen unterlassene Hilfeleistung ein Straftatbestand ist, verdanken wir diesem Gleichnis vom Barmherzigen Samariter, das Jesus Christus vor 2000 Jahren erzählt. Wer an der Not hilfloser Menschen achtlos vorbeigeht, hat letztlich keine Entschuldigung. Er gehört bestraft. Aber dass es in unseren Tagen so viele sensationsgierige Gaffer gibt, ist auch Beweis für die dramatischen gesellschaftlichen Folgen, die der Verfall des Glaubens nach sich zieht. Das Gewissen ist dann nur noch eine Mogelpackung.

Wie es mir ein lebenserfahrener Seelsorger einmal sagte: »Ohne Divinität wird Humanität zur Bestialität.« Ohne Gott zeigt der Mensch, Gottes Ebenbild, sein wahres Gesicht: Er ist sich selbst der Nächste und wird dem Nächsten zur Bestie. »Wenn es keinen Gott gibt, dann ist alles erlaubt«, meinte der russische Dichter Dostojewski. Da ist es nur die sprichwörtliche Spitze des Eisberges, was aus den USA berichtet wird: Drei Jugendliche sahen von der sicheren Uferpromenade zu, wie ein Mann in den wogenden Wellen des Pazifiks ums Überleben kämpfte. Doch statt dem Ertrinkenden zu helfen, filmten sie seinen Todeskampf und stellten das hinterher ins Internet.

Flüchten aus dem Flüchtlingsheim

Vom Regen in die Traufe könnte man sagen, wenn der Ausdruck nicht zu flapsig und das Thema nicht so ernst wäre. Da flüchtet ein 29jähriger Afghane, weil er politisch verfolgt und vom Krieg bedroht wird. In Berlin bekehrt er sich zu Jesus Christus, muss aber weiterhin in einem Brandenburger Asylbewerberheim wohnen. Bürokratie! Doch dann flüchtet der Flüchtling, steht plötzlich bei Pfarrer Gottfried Martens in Steglitz vor der Tür. Weil er zum Christentum konvertiert ist, wird er von seinen Landsleuten tyrannisiert, ja regelrecht verfolgt.

Keine Einzelgeschichte, im Gegenteil. Christenverfolgung mitten in Berlin! Pfarrer Martens gehört zur Selbstständigen Evangelisch-Lutherischen Kirche (SELK), zu seinen Gottesdiensten kommen bis zu 1300 konvertierte Afghanen und Iraner, es wird auch auf Persisch gepredigt. »Es ist als ehemaliger Muslim lebensgefährlich, seinen christlichen Glauben zu praktizieren, weil sie von ihren eigenen Landsleuten bedroht werden«, so Martens. Der Flüchtling vor seiner Tür berichtet erschüttert, was man ihm nachgerufen hat: »Wenn du zurückkommst, bringen wir dich um!« Erst Tage vorher war ein Afghane in Berlin-Neukölln auf der Straße mit einem Messer angegriffen und beraubt worden, weil er eine Kette mit Kreuz trug. Aus Angst erstattet kaum jemand Anzeige, weil die Gegenseite ohnehin eine Kompanie Zeugen nennt, die das Gegenteil behaupten. Typisch für Flüchtlingskriminalität.

Was mich empört: Die »Großkirchen« spielen das alles herunter, die Parteien ohnehin. Solche »Fälle« stören doch nur in der Multikulti-Seligkeit, wo man als Katholiken und Protestanten gerne zusammen mit der verfassungsfeindlichen DITIB »Friedenswege« geht, sich zum Ramadan grüßt oder Moscheen mit Pfarrern garniert. Die Verfolgten haben kaum eine Lobby, das ist der Skandal.

Von Verfolgung will da keiner reden, höchstens von

Rempeleien, Missverständnissen und mangelnder Toleranz. Eine von allen guten Geistern verlassene Oberkirchenrätin riet doch tatsächlich, man solle auf Missionierung und Konversion von Muslimen verzichten, »denn wo sie schon alles in ihrer Heimat verloren haben, sollte man ihnen wenigstens ihren Glauben lassen«. Tolle Frauen-Solidarität übrigens, diese Mogelpackungs-Toleranz mit Doppel-L! Zynismus pur.

Wenn die internationale christliche Hilfsorganisation »Open Doors« in ihren Jahresberichten stets schlimmere Verfolgungszahlen nennt, wiegeln als Erstes die Kirchen ab. Das sei doch alles übertrieben. Nein, es sind traurige Tatsachen, die wegen der Dunkelziffern in Wahrheit noch viel dramatischer sind. Bundesweit hat es 2017 mehr als 1000 religiös motivierte Übergriffe auf christliche und jesidische Flüchtlinge in ihren Unterkünften gegeben. Berlin ist mit fast 200 Fällen trauriger Spitzenreiter. Gott sei Dank erfasst die Berliner Polizei seit Mitte 2017 diese Fälle und ermutigt, Anzeige zu erstatten.

Ja, so hätte man sich das alles nicht vorgestellt, als Merkels Satz in die beseelte willkommenskulturelle Wohlfühlgesellschaft der Gutmenschen fiel: Wir schaffen das. Dieses Land ist für Flüchtlinge, die mit dem Gott aus der Präambel des Grundgesetzes leben wollen, kein »Land, in dem wir gerne leben«, wie es in einem Wahlkampfspruch hieß.

Apropos Traufe: Allein bei Pastor Martens ließen sich in den letzten Jahren über 1000 Konvertiten taufen, 90 Prozent blieben der Gemeinde treu. In ihren Familien dürfen sie sich nicht mehr blicken lassen, Todeskommandos werden auf sie angesetzt, viele leben anonym. Sie lassen sich ihren Glauben etwas kosten. Ein Echtheitstest bei all den dümmlichen Anschuldigungen, sie machten das ja »nur«, um als Asylbewerber anerkannt zu werden.

Eine ähnliche Arbeit macht die Diakonisse Rosemarie Götz im »Haus Gotteshilfe« in Neukölln. Sie und Pfarrer Martens gehören für mich zu den Helden. Ihnen gebührt ein Denkmal. Zwei bescheidene Menschen ohne Selbstdarstellung und Karriere, die das Wort Dienst ernst nehmen. Sie machen keine Schlagzeilen, aber hinterlassen Spuren für die Ewigkeit.

Von Wasserpredigern und Weintrinkerinnen

Im Programm der SPD zur Bundestagswahl 2017 stand klipp und klar und brav sozialdemokratisch: »Weder Geld noch Herkunft dürfen bei der Bildung eine Rolle spielen.« Alle sind also gleich. Doch manche sind nun mal gleicher als gleich – das konnte die Weltöffentlichkeit betrachten, als Ende 1989 zum Beispiel der Berliner Bonzen-Vorort Wandlitz für jedermann zugänglich wurde. Dieses Gleichheitsgetue der Linken ist die perfekte Mogelpackung – und bis heute kommt man ihnen nicht nur bei Lebensstil und Urlaubsluxus auf die Schliche. Bei einem kann man immer sicher sein: Wenn's irgend geht, schicken diese Leute ihre Kinder niemals auf die Schulen, die sie selber politisch verbrochen haben. Auch nicht auf die, in denen ein hoher Migrantenanteil das Lern- und Lehrniveau nach unten drückt.

Das wird sogar heruntergespielt, weil es doch der Wohlfühl-Ideologie der Willkommensklassen widerspricht. Aber seit exakt Montag, 16. Oktober 2017, wissen wir's sogar offiziell von der Kultusministerkonferenz: In Sachen Schreiben, Rechnen, Lesen sind unsere Schulen auf Talfahrt. Grund: Immer weniger Schüler sprechen zu Hause Deutsch. Die Ideologie der Gleichmacherei durch Zauberworte wie Inklusion und Integration geht immer auf Kosten des allgemeinen Leistungsniveaus. Dann also nix wie weg, Geld ist ja genug vorhanden bei den Herrschaften.

Ich denke an eine mächtige, beredte und allseits präsente Gewerkschaftsführerin. Alles für die Arbeiterklasse! Gerechtigkeit bei Chancen und Löhnen! Gleichheit für alle! Ach, was konnte die Frau reden ... Aber ihren eigenen Sohn schickte sie auf ein englisches Internat. Oder erinnern Sie sich an die linke Sternschnuppe der hessischen SPD, Frau Ypsilanti? Die wollte statt Roland Koch gerne Ministerpräsidentin werden und verkündete vollmundig: Die Schulen müssen radikal umgebaut werden, man brauche ein »integriertes System«, gemeinsamen Unterricht bis zur 10. Klasse, kein Sitzenbleiben mehr ... Die Einheits-Gesamtschule, das ist das Glaubensbekenntnis der Sozis bis heute.

Größter Gegner von Ypsilantis Gleichmacherei-Gefasel war der Leiter der renommierten privaten Anna-Schmidt-Schule in Frankfurt/Main. Der sorgte sich um seine Schüler – und damit pikanterweise auch um den Sohn jener Dame. Denn den schickte sie auf keine normale, von ihr so heiß verfochtene »integrierte Einheitsschule«, sondern auf jenes Privatgymnasium. Das Schulgeld betrug damals (2008) 180 Euro zuzüglich Verpflegung und Betreuungsangebote der Ganztagsschule. Eine rührende Begründung fand Mutter Ypsilanti natürlich auch: Dies sei die einzige Ganztagsschule in Wohnortnähe. Dass die Nachbarskinder 15 Kilometer zu diesen vermaledeiten Normalschulen geschaukelt werden mussten, störte sie weniger.

Die gleiche Selbst-Entschuldigung, und darum ging es zehn Jahre später, benutzte die frisch gekürte Ministerpräsidentin von Mecklenburg-Vorpommern, Manuela Schwesig auch. Eine beliebte Ausrede bei Linken, die Wasser predigen und Wein trinken. Diese Gleichung gab's schon zu rot-grünen Regierungszeiten: das Gymnasium als bürgerlich-kapitalistische Elite-Auslese bekämpfen, aber die eigenen Kinder dorthin schicken. Nur zwei weitere Fälle dieser Verlogenheit: Hannelore Kraft, 2017 abgewählte SPD-Ministerpräsidentin von Nordrhein-Westfalen, warb zusammen mit den Grünen für die Einheitsschule, schickte ihren Sohn jedoch auf ein zweisprachiges Gymnasium. Oder der ehemalige SPD-Kultusminister von Baden-Württemberg, Andreas Stoch, dessen eigene Söhne auf einer Waldorfschule lernten. Immer die gleiche Ausrede-Leier: Die Schulen seien ja alle so schön wohnungsnah gelegen, andere Gründe gäbe es natürlich nicht im Entferntesten.

Frau Schwesig erklärt denn auch treuherzig: »Das private Gymnasium ist die einzige weiterführende Schule im Wohngebiet der Familie.« Da gibt's dann »wandlitzartige« Sonderangebote wie bilinguales deutsch-englisches Lernen, Schach als Schulfach, Segeln als Schulsport, das Ganze für 200 Euro Schulgeld im Monat. No problem: Kann sich doch jeder Krankenpfleger oder jede Supermarktkassiererin locker leisten, deren Schutzpatron die Linken ja so glaubwürdig sind ... Man fasst das einfach nicht – diese Chuzpe, das Volk für dumm zu verkaufen und sich gleichzeitig zu wundern, dass die Wähler von diesen elenden Mogelpackungen genug haben. Was sich übrigens keinesfalls auf Politiker reduziert, von denen die allermeisten glaubwürdige Volksvertreter sind. Unter meinen Journalisten-Kollegen beobachte ich dieses Strickmuster auch: links reden, rechts leben. Auch und gerade bei der Schulwahl für die Kinder.

Diese Doppelmoral, diese Mogelpackungen, diese Etikettenschwindlerinnen sind es, die unserer Demokratie mehr schaden als ein paar scharfe Töne im Wahlkampf oder im Parlament. An der Schule entscheidet sich alles, denn damit hat fast jeder Bürger zu tun, ob als Eltern, Nachbarn, Paten oder Großeltern. Auch die Schalmeienklänge von Integration und Inklusion zerschellen genau dort, wo Politik auf Wirklichkeit trifft: in der Schule. Und ich könnte Ihnen zahlreiche Lehrer nennen, die mir davon berichteten, wie linke Journalisten, friedensbewegte Pfarrer oder Gutmenschen-Politiker bei der Anmeldung ihrer Kinder unter vier Augen leise fragen: Wie hoch ist denn der Ausländeranteil in der Klasse? Zumindest die Politik sollte man dazu zwingen, das programmatisch Angerichtete auch praktisch auszulöffeln.

Helmut Schmidt: aufgehängt!

Der Berliner *Tagesspiegel* versuchte es auf die ironische Art, aber anders war diese hektisch-hysterische Säuberungsaktion an deutschen Kasernen nicht mehr zu ertragen:

»Karrieretipp: Immer überlegen, welche Uniform man beim Fotografiertwerden trägt – es könnte später die falsche sein. Nur die Schlafanzüge vom Raumschiff Enterprise werden alle Zeiten überdauern. Denn so cool wie Commander Kirk war selbst Helmut Schmidt nie.« Nach rechtsradikalen Vorfällen, die nach der ersten Welle der Empörung allerdings zum Teil gegenstandslos wurden, reagierte Bundesverteidigungsministerin Ursula von der Leyen mit einem großen Rundumschlag. Als gelte es, unser Überleben zu sichern und uns vor dem Einfall einer fremden Armada zu verteidigen, ordnete sie an, alles aus den Bundeswehrkasernen zu entfernen, was nur annähernd Richtung rechts deuten könnte. Die Namen gleich mit.

Und da wir Deutschen nun mal sehr gründlich sind, besorgten beflissene (oder besser: karrierebesessene) Soldaten diese Säuberungsaktion aufs Allerfeinste. Lieber zu viel als zu wenig auf den Müll der Geschichte. Man kann ja nie wissen … Auch Helmut Schmidt musste dran glauben, bis dahin unbehelligt aufgehängt an der Wand der nach ihm benannten Bundeswehruniversität in Hamburg. Schneidig, willensstark und wehrhaft wirkt er darauf, wie man sich »Schmidt Schnauze« immer vorstellt, der es mit den Nordseefluten einst genauso aufnahm wie mit der Überrüstung der UdSSR. Doch leider stammte das Bild aus dem Jahr 1940, und die Uniform hatte nicht C & A, sondern ein Schneider der Wehrmacht hergestellt. Dieses harmlose, zeitbezogene und historisch klar zu verortende Foto machte vor dem Furor nicht halt, mit dem die Ministerin ihre Objekte durchfegen ließ. Ganz nach dem Motto »Alles muss raus« wurde Helmut abgehängt.

Wenige Tage später konnte man aufatmen, eine Tageszeitung titelte: »Helmut Schmidt wieder aufgehängt.« Er war der obrigkeitlich verordneten Generalrevision der Traditionspflege noch mal entkommen. Dass gestandene Generäle wie aufgescheuchte Hühner durch ihre Kasernen laufen, um alles, was nicht hundertprozentig unbedenklich ist, zu entfernen und mit einem Bannfluch zu belegen: Helmut Schmidt, auch mal Verteidigungsminister, wären dazu schon ein paar passende paffende Worte eingefallen ...

Hakenkreuze, völkisches Schrifttum, Landser-Kitsch und alles, was den Nationalsozialismus verherrlicht oder verharmlost, entfernen zu müssen, das ist so klar wie Kloßbrühe. Aber hat mal jemand darüber nachgedacht, dass die naive Verharmlosung von Nazi-Devotionalien einen ganz anderen Hintergrund haben könnte: Unsere heutige Jugend hat keinen richtigen Geschichtsunterricht mehr! Sie wissen es einfach nicht! Dann darf man sich auch über nichts wundern. Wer Honecker für einen Bundeskanzler hält oder meint, Mehmet habe der Bruder von Sophie Scholl geheißen, der hat auch keinen blassen Schimmer, was er sich da an die Wand seiner Kasernen-Bude hängt.

Vor einigen Jahren hatte ich den Neffen Dietrich Bonhoeffers, den früheren Ersten Bürgermeister Hamburgs, Klaus von Dohnanyi in meiner Sendung zu Gast. Anlass: der 20. Juli 1944, auch sein Vater wurde als Mitwisser der Verschwörung gegen Hitler hingerichtet. Wir machten, wie immer, eine Umfrage vor unserem Studio am Brandenburger Tor. Alles junge Leute, die meisten kamen mit ihrer Schulklasse gerade vom Besuch des Reichstages. Niemand verband irgendetwas mit dem Datum 20. Juli, kein einziger, eine halbe Stunde lang. Die einen dachten an das Ende des Zweiten Weltkrieges, andere an das Ende der DDR oder »irgendwas Europäisches«. Ein Trauerspiel! Dass dem muslimischen aggressiven Antisemitismus an unseren Schulen aus den Klassen heraus kein Widerstand geleistet wird, hat auch etwas mit Null-Geschichtskenntnis zu tun. Wie armselig eine Politikerin, die diesem schreienden Bildungsnotstand mit Verboten begegnen will – und es dadurch übrigens erst interessant macht.

Der *Cicero*-Kollege Alexander Kissler hatte Mitte 2017 eine interessante Debatte mit drei Philosophen. Einer meinte: »Das Historische wird gerade aus dem deutschen Bildungskanon liquidiert. Es gibt in manchen Bundesländern am Gymnasium keinen Geschichtsunterricht mehr. Stattdessen unterrichtet man ›Raum – Zeit – Gesellschaft‹.« »Waaaaas?«, fragen die anderen bass erstaunt, »ist das wahr?« »Ja, natürlich!« Und alle wie aus einem Mund: »Das ist ja grauenhaft!« Ja, es ist grauenhaft, wie unfähige Politiker mit immer absurderen Lehrplänen die Bildung unserer Kinder zerstören. Wenn Geschichte nicht mehr gelehrt und gelernt wird, dürfen wir uns nicht wundern.

In dieser Politiker-verursachten Bildungskatastrophe helfen dann nur noch Verbote, so wie ein Vater glaubt, seine Unfähigkeit zur Erziehung mit einer Ohrfeige kompensieren zu können. Damit man bloß nichts falsch macht, lieber alles richtig weg! Dass man den militärischen Traditionsbestand so lange mit eisernem Besen säubert, bis er so keimfrei ist, dass kein Mensch mehr weiß, was eine Armee überhaupt soll – das darf doch nicht wahr sein! Eine Armee ist eine Armee und kein Wohlfahrtsunternehmen und auch keine Dienstleistungsagentur. Und aktuelle Namen, um eine Kaserne zum Beispiel statt Hindenburg zu benennen, fallen einem auch nicht so schnell ein. Man könnte natürlich eine Umfrage auf dem Kirchentag machen und käme dabei bestimmt auf Originelles wie Petra-Kelly-, Margot-Käßmann- oder Mahatma-Gandhi-Kaserne.

Klar, das Beste wäre natürlich, man benennt unsere Kasernen nach den Verteidigungsministern, wobei das dann gleich ein Fall für Gender und Gleichstellung wäre: Schließlich gab es erst eine Frau an der Spitze unserer Bundeswehr, schlimm genug! Aber der arme Helmut Schmidt darf ja nicht einmal mehr an der Wand hängen, wenn er nicht endlich die Uniform wechselt.

Wenn schon, denn schon ...

Sich die Rosinen aus dem Kuchen zu picken, nur das zu hören, was einen selbst bestätigt, einen Menschen nur dann ernst zu nehmen und vor den eigenen Karren spannen, wenn es passt ... Wer kennt das nicht?! Ich ertappe mich jedenfalls oft genug dabei. So ergeht es, um den aktuellsten »Fall« zu nehmen, Papst Franziskus. Selten war ein Pontifex so populär, auch unter Nichtchristen. Im Internet hat er »Follower« wie ein Popstar. Jede Nuance seiner Äußerungen wird registriert, kommentiert und kommuniziert.

Aber ist denen, die »liberale« Töne in Sachen Sexualethik, Gesellschaftspolitik oder Kirchenrecht zu hören glauben, eigentlich klar, dass derselbe Papst auch ohne Zwischentöne ganz knallhart sprechen kann – nur hört man das kaum irgendwo. Das gern gelesene katholische Magazin *PUR* bringt jeweils eine Seite mit »Franziskus-Splittern«, Zitate des Pontifex, die in ihrer Deutlichkeit aufhorchen lassen. So hat er während einer Pressekonferenz Klartext zur Gender-Ideologie gesprochen, Knallhart-Klartext: »Wenn finanzielle Hilfe für Entwicklungsländer an Bedingungen geknüpft werden, etwa die Lehre der Gender-Theorie in den Schulen, verlieren diese Völker ihre Identität.« Dies sei nichts anderes als »ideologische Kolonisation« durch westliche Geldgeber. Es gebe bestimmte Mächte, so der Papst, die eine völlige Gleichheit der Kulturen anstreben. Globalisierung sei zwar notwendig (das wurde überall zitiert!), müsse aber die Freiheit der Völker in all ihren Lebensbereichen beachten. Das gelte vor allem für das traditionelle Familienbild.

Es ist schon bemerkenswert, dass dieselben Ideologen, die die Christen für ihre weltweite Mission geißeln, weil dadurch die eigene Kultur zerstört worden sei, nun genau das Gleiche tun! Wobei ja selbst intelligente Kirchenkritiker neidlos eingestehen, dass mit der christlichen Mission Bildung und Gesundheitswesen kamen. Was aber kommt mit Gender?!

Wenn schon, denn schon! Auch Mutter Teresa teilt das Schicksal des Papstes – ähnlich wie Dietrich Bonhoeffer. Man zitiert nur das, was gerade passt. Anderes macht man sogar passend. Wie kaum jemand sonst war Mutter Teresa eine Freundin des Lebens. Kein Elend, keine Epidemie, kein Dreck konnten schlimm genug sein, als dass sie sich den Menschen nicht zuwandte und direkt vor Ort half. Als sie den Friedensnobelpreis bekam, gab es einhelligen Jubel.

Aber hat je jemand ihre Rede bei der Preisverleihung am 10. Dezember 1979 in Oslo gehört oder gelesen? Sie verurteilte Abtreibung so scharf wie nie jemand zuvor. Aber kaum jemand zitierte das. Wer sie verstehen will, muss auch das verstehen: »Der größte Zerstörer des Friedens ist heute der Schrei des unschuldigen ungeborenen Kindes. Wenn eine Mutter ihr eigenes Kind in ihrem eigenen Schoß ermorden kann, was für ein schlimmeres Verbrechen gibt es dann noch, als dass wir uns gegenseitig umbringen ... Für mich sind die Nationen, die Abtreibung legalisiert haben, die ärmsten Länder.« Hört, hört!

Dietrich Bonhoeffer, der Märtyrer des Dritten Reiches, wird von allen für alles in Anspruch genommen. Linkeste Theologengruppen oder liberalste Kirchen nennen sich nach ihm. Dabei war er – nach heutigem Modebegriff – ein biblischer Fundamentalist, vertraute der Heiligen Schrift wörtlich. Im Finkenwalder Predigerseminar lehrte er seine Studenten mitten in der Nazi-Zeit: »Ich glaube, dass die Bibel allein Antwort auf alle unsere Fragen ist – und dass wir nur anhaltend und demütig zu fragen brauchen. Das liegt eben daran, dass in der Bibel Gott zu uns redet. Nur wenn wir es einmal wagen, uns so auf die Bibel einzulassen, als redete hier wirklich der Gott zu uns, der uns liebt und uns mit unseren Fragen nicht allein lassen will, werden wir an der Bibel froh.«

Hochaktuell, was Bonhoeffer über Gnade und Vergebung schrieb, die ja heute zu einem »Gott lässt alle Fünfe gerade sein«-Billigprodukt pervertiert werden: »Billige Gnade ist der Todfeind unserer Kirche. Billige Gnade heißt Gnade als Schleuderware, die mit leichtfertigen Händen bedenkenlos und grenzenlos ausgeschüttet wird. Billige Gnade heißt Rechtfertigung der Sünde und nicht des Sünders. So kann alles beim Alten bleiben ...« Auch Bonhoeffer ist mehr – mehr auch als »Von guten Mächten wunderbar geborgen ...« Er ist radikal wie Mutter Teresa und Papst Franziskus – radikal, das heißt aus dem Lateinischen: aus der Wurzel heraus leben.

Wir werden zu Etikettenschwindlern, wenn wir diese Seiten einfach weglassen, während wir diese Menschen bejubeln. Dann ist auch das, was wir uns da herausklauben, nichts anderes als eine Mogelpackung!

Kirche und Sprache – Herr, schick Hirn!

Wussten Sie, dass die Redewendung »jemanden auf Händen tragen« oder das Wort »Lückenbüßer« von Martin Luther stammen? Auch der wunderschöne Begriff Beruf, den er auf diese Weise mit Berufung zusammenbrachte, was vorher nur dem geistlichen Stand vorbehalten war. Als könnte Gott niemanden zum Bäcker oder Journalisten berufen, weil er entsprechende Gaben hat, damit er in seinem Beruf wirklich glücklich wird und nicht mit hängendem Kopf lustlos einen Job absolviert, weil er mit dem Sinn seines Tuns »im Dunkeln tappt« (auch von Luther). Doch wer sich heute in Luthers Kirchen umschaut oder besser: umhört, der merkt nicht mehr viel von unserer schönen Muttersprache, die der große Reformator vor 500 Jahren seinem Vaterland schenkte. Mit seiner bahnbrechenden Bibelübersetzung legte er die Grundlage für die heutige

deutsche Sprache, die übrigens die sächsische Kanzlei-
sprache war, nicht zu verwechseln mit dem sächsischen
Dialekt.

Geblieben ist in einer etiketten-schwindelnden Kirche,
die sich weder lutherisch noch deutsch (EKD) nennen
sollte, weil beides Mogelpackungen sind, eine Sprache,
die eher an Mickymaus und Realsatire erinnert als an die
Sprachgewalt, die Kirche einmal hatte. Aber wer nicht mehr
viel zu sagen hat, der versucht's eben durch Anbiederung
an den Zeitgeist, was übrigens mit Luthers »dem Volk aufs
Maul schauen« nichts, aber auch nichts zu tun hat. Der
Unsinn ist ja hausgemacht und eine Eigenkreation, diese
banale Unsinnssprache gibt's »im Volk« gar nicht. Jung-
scharen nennen sich »Lutherkids« – der arme Reformator!
Ein Jugendgottesdienst in einer der bekanntesten deutschen Kirchen heißt »Praytime«, ein katholisches Internet-
projekt firmiert als »Touch me, Gott!« mit vielen »fetten
Highlights« – wobei es dann auch noch das Niveau von
Kleinkindern unterbietet, wenn Deutsch und Englisch im
Dummsprech Denglisch »ein Herz und eine Seele werden«
(auch von Luther!).

Übrigens: Wie aus Herz und Seele wieder zwei Indivi-
duen werden können, schreibt Wolf Biermann in seiner
Biografie *Warte nicht auf bessre Zeiten!* – das Gespräch mit
ihm zum 80. Geburtstag war eine der »bessren Zeiten« meines Sendelebens. Er hat das Wort zer-freundet geschaffen,
er hat sich zerfreundet mit Günter Grass oder Stefan Heym.
Entweder gab es einen direkten Anlass, oder die Freundschaft erstarb allmählich. Ich finde das völlig legitim, und
es bedarf auch keiner großen Aussprachen und seitenlan-

ger Briefe. Ich habe oft an dieses Wort denken müssen: Kohl zerfreundete sich mit Schäuble, Dieter Bohlen mit Thomas Anders ... Warum nicht? Aber mir geht es hier zunächst um das wunderschöne Wort, das ja etwas Aktives ist, nichts Schicksalhaftes. Während die einst sprachmächtige Kirche in Banalität verflacht, schafft der Altkommunist Biermann neue Worte in unserer schönen Sprache. Ein Zeichen von Intelligenz, Liebe und Mühen um unsere Sprache und echter Kreativität. All das fehlt denen, die sich in Gender und Denglisch flüchten müssen, weil der Schöpfer unsere Oberstübchen nun mal unterschiedlich möbliert hat ...

Dass das Lutherjahr 2017 zur Pleite wurde, dass hoch subventionierte Veranstaltungen ohne das Volk, dem man nach Luther aufs Maul schauen soll, menschenleer blieben, hat mit der überhöhenden Akademisierung, der permanenten Eigenkritik an Luther, der peinlichen Politisierung, aber auch mit der kindischen Anbiederung an eine vermeintlich allgemeine Sprache zu tun. In Hildesheim, deutscher geht's schon gar nicht, wollten die deutschen getrennten Großkirchen endlich einen Schritt aufeinander zugehen, das Jahrhundertjahr des Thesenanschlags des deutschen Reformators schien der richtige Zeitpunkt – und die deutschen Katholiken und Protestanten nannten diesen deutschen Versöhnungsgottesdienst doch tatsächlich »Healing of Memory«. Man »fasst sich nur noch an den Kopf«, zügelt sein »Lästermaul« und sucht wegen dieses sprachlichen »Schandflecks« den »Sündenbock«, um den »Dickkopf« mit »Feuereifer« auf eine »Affenschaukel« zu setzen – alles Sprachschöpfungen von Martin Luther! Eine Ausstellung auf einem niedersächsischen Dorf stand unter dem Motto »Here I stand«. Kein Wunder, dass bei einer solchen Sprache der leeren Kirchenbänke der Pastor bald allein in seiner Kirche »stand«.

Es ist ein Irrtum, mit hohlem Denglisch leere Kirchenbänke füllen zu wollen. In einer Kirchenzeitung beschwert sich ein Gemeindevorstand, dass er nur »friedfertig« und mit »Langmut« (Luther!) ertragen könne, wie er mit Sprachschöpfungen à la »Best Practice«, »Train-the-Trainer-Tag«, »work-life-balance« oder »GoSpecial-Gottesdiensten« traktiert würde. Mehr als 20 Kirchen in Hannover wollen »eine vielfältige und erfrischende Kirche fördern«, was erst mal zu begrüßen ist – aber warum in Gottes Namen nennt ausgerechnet eine Kirche, die sich ausdrücklich mit dem Etikett »lutherisch« schmückt, diesen Frischekurs »Fresh X – Netzwerk e. V.«? Eine stinknormale Landgemeinde in Westfalen lädt die Jugend in die »Factory Church« zum Gottesdienst »Power Point« – mit »Musik, lecker Essen, Praystation«. Herr, erbarme dich! Und »Wey?nachten« klingt genauso blöd wie eine »workshop-session« oder dieses ewige »After Work« statt Feierabend, vor allem in der wirren Kombination »After-Work-Gottesdienst«. Gegen die Banalisierung unserer so schönen kraftvollen Sprache hilft nur noch das Seufzen des Münchners im Himmel: Herr, schick Hirn!

Für den Pädagogen Wolfgang Hildebrandt, der sich natürlich Lehrer nennt und nicht Pädagoge, weil er im Vorstand des »Vereins Deutsche Sprache« sitzt, wäre der Verfall der Kirchensprache sogar Anlass für einen neuen Thesenanschlag, doch ich befürchte, dass die Essentials aus dem Church-Newsroom nur Highlights in Dumm-Denglisch

hervorbrächten ... Er fragt zu Recht: »Da übersetzt Luther
die Bibel in verständliches Deutsch, und heute wird mit-
hilfe englischer Begriffe an ihren Inhalt erinnert. Reicht
die Kreativität der Verantwortlichen nicht mehr aus, um
deutsche Begrifflichkeiten zu finden?« In Frankfurt am
Main hieß ein kirchliches Winterprojekt, das alten Leuten
in der Kälte der Innenstadt Aufmerksamkeit sichern sollte:
»Help the Oma!« Unklar allerdings, warum the Opa nicht
gehelpt wurde ...

Luther, das scheinen die Mogel-Verpackungskünstler
wohl verdrängt zu haben, übersetzte ins Deutsche, damit
die Herrschaft der Herrschaftssprachen Französisch und
Latein in Klerus und Adel endlich gebrochen wurde. Und
heute machen wir die Rolle rückwärts und sprechen eine
Sprache, die nur ein Drittel der Deutschen überhaupt versteht, ein Kauderwelsch, das die Herrschaft der Hirnlosen
auf unschuldige Bürger loslässt. Insofern ist die Mickymaus-
Sprache ja nichts anderes als eine Gegenreformation zu
Luthers Reformation, die auch aus der Vereinheitlichung
einer allgemein verständlichen deutschen Sprache bestand.

Wen schützt
Datenschutz?

Es gab mal einen Verfassungsrichter, der nach seiner Amtszeit und dem Erleben des berühmt-berüchtigten Kruzifix-
Urteils über seine früheren Kollegen richtete: Wer schützt
das Grundgesetz vor dem Verfassungsgericht? Im Klartext:
Diejenigen, die das Grundgesetz eigentlich schützen sollen,
tun manchmal das genaue Gegenteil – was an den soge-

nannten Minderheitsvoten deutlich wird. Und knappe Karlsruher Entscheidungen kommen immer häufiger vor, zum Beispiel beim Schutz der Familie oder Fragen der Sicherheit.

Bei der Sicherheitspolitik muss man jedoch inzwischen fragen: Wer schützt unsere Sicherheit eigentlich vor den Datenschützern? Am belebten Berliner Bahnhof Südkreuz startete das Bundesinnenministerium im Sommer 2017 ein Pilotprojekt zur Gesichtserkennung. »Big Brother im Bahnhof« titelten Zeitungen, ahnungslos und meinungsmachend. Ganz zu schweigen, dass Orwells Big Brother aus dem Roman *1984* eine ganz andere Bedeutung hat: In Zeiten dramatischer Terrorgefahr ist das, was hier getestet werden sollte, nicht die Überwachung durch einen totalitären Staat, sondern die Erfüllung des Amtseides demokratischer Politiker: Schaden vom deutschen Volk zu wenden ...

Eine geniale Erfindung macht es nämlich möglich, aus einer großen Gruppe von Menschen, die sich sogar im Laufschritt bewegen können, bestimmte Gesichter zu erkennen, zu filtern, herauszufischen. Wenn man bedenkt, dass dadurch zum Beispiel die zwölf Menschen noch leben könnten, die ein Islamist 2016 auf dem Berliner Weihnachtsmarkt an der Kaiser-Wilhelm-Gedächtniskirche brutal umgebracht hat, vergeht einem die Kritik. Und man wundert sich nur, was in den Hirnen jener vorgeht, die sich als Datenschützer ausgeben – teils hoch beamtet und bezahlt von unseren Steuern.

Die schrien nämlich gleich Alarm, als stünden der Weltuntergang und das Ende jeder Privatsphäre bevor. Schon die ganze Debatte um die Datenvorratsspeicherung ist absurd, wenn man bedenkt, dass es dabei um eine Möglichkeit geht, nach längerer Zeit Täter oder Gefährder zu identifizieren und deren Verbindungen nachzuweisen. Dass dabei viel Ideologie im Spiel ist und im Sinne Orwells Sprache gefälscht oder geschönt wird, zeigt der Uraltstreit über den Großen Lauschangriff. Wer greift da eigentlich wen an? Die kriminellen Aggressoren greifen doch unser Land und seine Gesellschaft an, die man heute so gern »eine freie« nennt. Da werden die Opfer, die Polizisten und Behörden und wir alle zu Tätern gestempelt, die zum Beispiel durch Telefon- oder Computer-Einsicht »groß« angreifen. Eine völlige Umkehr der Tatsachen, sprachliche Kosmetik zur Irreführung und Schaffung neuer Inhalte durch Wörter. Man bedenke: Die frühere FDP-Bundesjustiz(!)ministerin Sabine Leutheusser-Schnarrenberger ist seinerzeit weinend zurückgetreten, weil sie mit dieser ideologischen Verblendung nicht durchkam.

Wenn eins gegen das andere stehen würde, also Datenschutz gegen Sicherheit (was jedoch praktisch reine Theorie ist): Mir ist das Leben wichtiger als Datenschutz! In Zeiten, in denen der Islamismus durch die perverseste Form von Brutalität vorgeht, nämlich durch Selbstmordattentate, muss jedes Mittel, das es gibt und das »recht« ist, eingesetzt werden, um die Menschen davor zu schützen. Es kann doch nicht sein, dass jemand, der längst auf der Fahndungsliste steht oder zur Abschiebung verurteilt ist, frei und vor allem unerkannt herumspazieren kann. Solche Verbrecher müssen sofort aus dem Verkehr gezogen werden, wenn sie – wie beim Beispiel des Berliner Breitscheidplatzes – auf einen überfüllten Weihnachtsmarkt gehen, um eine Tat vorzubereiten. Wäre das (vorhandene!) Foto des Wahnsinnigen eingescannt und eine solche Anlage versteckt am Eingang installiert gewesen, zwölf Menschen könnten noch leben. Und immer mehr islamistische Terroristen entpuppen sich als längst erkannte Gefährder, die durch Behördenwirrwarr und Kompetenzgerangel unter den Ämtern frei und unbehelligt herumlaufen können, bis sie dann zuschlagen. Andere demokratische Länder fackeln da nicht lange, wenn es um die Scheindebatte Sicherheit gegen Datenschutz geht. Datenschutz bedeutet individuelle Freiheit, aber die ist ohne Sicherheit eine Mogelpackung. Letztlich schützt der Datenschutz nicht diejenigen, die laut Amtseid der Politiker geschützt werden sollen.

Wie der Hase auf den Hund gekommen ist

Ich war nicht informiert! Von der Sache hatte ich keine Ahnung! Mich trifft keine Schuld, denn ich wusste davon nichts ... Wer kennt sie nicht, diese Ausredenpalette von Leuten aus Politik und Wirtschaft, die sich auch gerne selbst »Verantwortliche« nennen. Nur wenn's um Verantwortung geht, dann gehen diese sogenannten Verantwortlichen in Deckung, dann ist Schweigen im Walde nach dem Motto: Mein Name ist Hase, ich weiß von nichts! Doch diese hasenfüßige Heuchelei ist inzwischen auf den Hund gekommen, weil sie inflationär und reflexartig gebraucht wird. Man gewinnt jede Wette, dass die Hasen-Antwort kommt, wenn man politische Spitzenfunktionäre oder unternehmerische Spitzenmanager auf Fehler oder Skandale

anspricht. Da wird der Unternehmer schnell zum Unter-
lasser der Wahrheit und Moral zur Mogelpackung.

Nehmen wir den Dieselskandal, der längst nicht mehr
allein ein VW-Skandal ist. Dieser größte GAU der Wirt-
schaftsgeschichte kostet die Gemeinschaft der Verbraucher
Milliarden und hat den Standort Deutschland in Verruf
gebracht. Und das nachhaltig, wie es neudeutsch heißt. Das
geradezu ehrfurchtsvolle »Made in Germany« hat in der
Welt seinen guten, alten Klang verloren. Ludwig Erhard
dreht sich im Grabe um! Als ein leitender Ingenieur von
AUDI die beiden Chefs Winterkorn und Stadler bezichtigte,
vom Abgas-Betrug schon früh gewusst zu haben, hieß
es zum wiederholten Male: Nein, wir nicht ... Wenn ein
Unternehmer sagt: Ich habe von nichts gewusst, dann ist
diese Entschuldigung (hier passt das Wort, denn es ist eine
Selbst-Ent-Schuldung!) verhängnisvoll in doppelter Hin-
sicht: Hat der Chef wirklich nichts gewusst, dann hat er seine Firma nicht im Griff und muss wegen Unfähigkeit und
ohne goldenen Handschlag entlassen werden. Lügt er, dann
kommt zur Entlassung noch die Strafe.

Auch aus der Politik kennen wir das. Es wird nur so viel
zugegeben, wie unbedingt nötig. Oder wie viel gerade un-
bezweifelbar bekannt geworden ist. Die berühmte Salami-
taktik, in der Hoffnung, dass nicht noch mehr rauskommt.
Die Abwehr der Stasi-Vorwürfe gegen Manfred Stolpe sind
ein Paradebeispiel, aber auch die Promotions-Possen er-
tappter Politiker. Immer dieselbe Leier. Ja, das Motto »Ich
heiße Hase und weiß von nichts« ist auf den Hund gekommen. Diesmal ist der Hase auch schneller als der Igel.

Dabei hat das Sprichwort, was wenige wissen, nichts mit

dem Hasen, sondern mit Herrn Hase zu tun. Victor von Hase war ein Heidelberger Jurastudent, im Jahr 1855 angeklagt, weil er sich als Fluchthelfer für einen Kommilitonen betätigt haben soll, der einen Mitstudenten im Duell erschossen hatte. Als er vor Gericht seine Aussage machen sollte, gab er zu Protokoll: Mein Name ist Hase, ich weiß von nichts. Und der Hund? Wenn jemand gesundheitlich oder wirtschaftlich ruiniert ist, sagt man verzweifelt: Ich bin auf den Hund gekommen. Auch dieser tierische Vergleich hat mit armen Vierbeinern nichts zu tun. Zwei interessante Erklärungen: In den Söldner-Kassen des Mittelalters war am Boden der »Hund«, ein kleines Holzkästchen mit der Notreserve. Oder eine private Kassentruhe, auf Burg Lauenstein bei Kronach zu sehen, auf deren Boden ein (Wach-)Hund gemalt war. War das Geld also verbraucht, sodass man in beiden Beispielen den Hund sah, war man buchstäblich auf den Hund gekommen.

Bei Pleite-Managern und Plagiats-Politikern oder anderen Hasenfüßigen sind wohl eher Anstand und Sitte verbraucht, wenn sie den Hasen bemühen, obwohl sie eigentlich moralisch auf den Hund gekommen sind. Dann schon lieber meine Oma. Ihr Credo, ihre moralische Maxime: Das tut man nicht!

Todesurteil
für Lebensmittel

Lebensmittel heißen Lebensmittel, weil sie Mittel zum Leben sind. Und Mittel zum Leben wirft man nicht weg. Aber es wirft ein bezeichnendes Licht auf unsere Gesellschaft, wenn wir tonnenweise Nahrungsmittel vernichten. Sei es aus Überproduktion, wegen Ablaufs des Haltbarkeitsdatums oder ganz einfach, weil wir nicht mehr gelernt haben, dass gegessen wird, was man sich auf den Teller lädt. Mein Vater, der lebensbedrohliche Entbehrungen während seiner langen russischen Gefangenschaft erlitten hat, wäre niemals auf die Idee gekommen, Essbares einfach in den Müll zu werfen. Niemals!

Was wir uns heute leisten, ist ein Ausdruck von Wohlstandsverwahrlosung und Gewissenlosigkeit. Das Bundesumweltamt hat errechnet, dass jeder Deutsche durchschnittlich 82 Kilo Lebensmittel pro Jahr in die Mülltonne wirft. 82 Kilo! Etwa ein Drittel aller weltweit erzeugten Nahrungsmittel landen nicht im Magen, sondern im Müll. Eine unvorstellbare Dimension! Wir verschwenden die Basis unseres (Über-)Lebens, als handele es sich um irgendwelche Dinge ohne Bedeutung, ohne Wert und Wertschätzung. Wer wie ich in der Nähe von Schulen wohnt, kann ein Lied davon singen, wie Mamas Schulbrot im Mülleimer landet und durch einen Schokoriegel ersetzt wird. Dass »unser täglich Brot« weder Selbstverständlichkeit noch Wegwerfware ist, müsste doch zu dem Wichtigsten gehören, was wir von klein auf lernen.

Weltweit leiden 900 Millionen Menschen an Hunger, täglich sterben Tausende von Kindern an Unterernährung, während wir unseren Überfluss entsorgen. Unvorstellbare 1,3 Milliarden Tonnen landen weltweit auf dem Müll. Man muss sich nur mal anschauen, wie von Büfetts gegessen wird. Da schaufeln sich die Leute die Teller voll, und nachher kommt der bezeichnende Satz: »Da waren die Augen wohl größer ...« Dass Restaurants verpflichtet sind, »alles, was mal draußen war« zu vernichten, wenn es nicht gegessen wurde, will mir nicht in den Sinn. Aber es beginnt ja schon beim Schönheitsideal, wie Experten sagen: Ist das Obst irgendwie angedetscht oder schrumplig, wird es weggeworfen. Keiner hat ja mehr einen eigenen Garten und weiß, dass nicht alles so aussehen kann wie das Gemüse in den angestrahlten Theken unserer Supermärkte.

Das Schlimmste ist allerdings das völlig missverständliche Haltbarkeitsdatum, das ja ausdrücklich ein Mindesthaltbarkeitsdatum ist. Es gibt Leute – und zu denen gehöre ich zugegebenermaßen nicht selten! –, die beim Kauf von Butter, Quark oder Schnittkäse ganz hinten ins Regal oder ganz unten in den Karton greifen, weil sie dort das Frischeste vermuten. Aber klar: Was kurz vor dem Ablauf steht, kann der Händler gleich vergessen. Das nimmt keiner mehr mit. Doch dass Verbraucher etwas in den Müll werfen, nur weil im heimischen Kühlschrank das Datum abgelaufen ist, das kann ich nicht verstehen. Als würde beim Gongschlag die Qualität von hervorragend in lebensbedrohlich umschlagen, kommt's in die Tonne.

Es ist gut und richtig, den Leuten immer wieder ins Gewissen zu reden. Es sind gerade gut verdienende Singles, die am meisten wegwerfen. Die gar kein Gefühl mehr dafür haben, dass Lebensmittel etwas anderes sind als Socken mit Löchern oder ausgelatschte Schuhe. Auch Speisereste spielen eine große Rolle. Aufwärmen, das klingt wie bei Oma. Wegwerfen und wieder neu kochen, das ist in. Und wer verlässt sich noch auf seine Sinne und schmeckt, schaut, riecht und fühlt erst mal, statt das Mindesthaltbarkeitsdatum zum Todesurteil für Lebensmittel zu machen. Als wäre es eine dogmatische Wegwerfanweisung.

Ein Löffel für Mama, ein Löffel für Papa, ein Löffel für die Tonne ... Dass rund ein Drittel aller Lebensmittel wegge- worfen werden, sollte für eine Gesellschaft, die sich sonst so gerne erregt und pausenlos von Nachhaltigkeit schwätzt, tabu sein. Es ist höchste Zeit zum Umdenken und den Wahnsinn zu stoppen. Roman Herzog, früherer Bundesprä- sident, hatte wohl leider recht, als er mir in einem Sommer- interview sagte: »Uns geht es eben zu gut.«

Wahldesaster auf Augenhöhe

Das hätte ich echt nicht gedacht! Mein Vorurteil, dass den Leuten jede Form von Ethik und Moral abhandenge- kommen ist und man gute alte Traditionen als spießbürger- lichen Müll ins Museum verfrachtet, wurde ganz schön korrigiert. Es ist den Menschen eben doch nicht alles egal. Und mag man es nun gesunden Menschenverstand oder intaktes Gewissen nennen, bürgerliche Konvention oder die Sehnsucht nach etwas »unkaputtbarem« Heilen – der Abend der Landtagswahl von Schleswig-Holstein im Mai 2017 war eine Lehrstunde. Dort hat SPD-Ministerpräsident Torsten Albig eine krachende Niederlage erlitten, und der Schall der Kieler Ohrfeige ließ selbst Berlin erbeben. Dabei gingen alle Umfragen davon aus, dass die Sache für Albig und seine Genossen längst gelaufen sei.

Aber es war etwas passiert, was mit Politik eigentlich nichts zu tun hat, etwas völlig Privates und etwas, von dem man meinen könnte: Was ist da denn schlimm dran, das kommt doch in den besten Familien vor, bei den Prominenten sowieso. Zwei Wochen vor der Wahl hat Spitzenkandidat Albig die Öffentlichkeit an seiner Trennung von Ehefrau Gabriele teilhaben lassen. Sie waren 27 Jahre verheiratet, ohne Skandale oder Getuschel. Dieser Vorgang löste ein solches Erdbeben aus, dass selbst der sonst so brottrockene Vize-Chef der Bundes-SPD Thorsten Schäfer-Gümbel die Contenance verlor. Am Morgen nach dem Kieler Wahldesaster platzte es im *ZDF*-Morgenmagazin aus ihm heraus, als die Kollegin nach der Ursache für die Wahlpleite fragte. Die üblichen Floskeln – von wegen falsche Themen, Gegenwind aus dem Bund oder Wechselstimmung – bemühte der Mann aus Hessen gar nicht erst, er schleuderte dem erstaunten Publikum seinen ganzen Frust und Ärger entgegen: »Was erwarten Sie denn anderes als ein solches Ergebnis, wenn man sich die letzten zwei Wahlkampfwochen nur noch mit dem Privatleben beschäftigen musste!«

Dabei ging es weniger um die Trennung als solche, sondern auf welche Weise die Ehefrau abserviert wurde und wie Herr Ministerpräsident das kommentierte und kommunizierte. Auch hier hätte ich gedacht: Na ja, so redet man in einer gender-infizierten, aufgeklärten emanzipatorischen und sich selbst verwirklichenden Zeit halt eben ... Aber es war dann in der Tat die Rache der Frauen, die der SPD zum Verhängnis wurde und den Politstar zu Fall brachte. Albig über seine Ex: »Irgendwann entwickelte sich mein Leben schneller als ihres.« Nun, das kann passieren. »Es hat kaum noch Austausch auf Augenhöhe gegeben.« Da liegt schon ein Stück Hochmut drin, denn er meint ja wohl kaum, dass er auf das Niveau seiner Frau hätte hochschauen müssen.

Aber dann der Hammer, der eine ganze Landtagswahl entschieden hat: »Ich war beruflich ständig unterwegs, meine Frau war in der Rolle als Mutter und Managerin unseres Haushaltes gefangen.« Man lasse sich das auf der Zunge zergehen: Gefangen ... Im Haushalt gefangen ... Gefangen von den Kindern, die er gezeugt hat, gefangen von der schmutzigen Wäsche und seinem Lieblingsessen. Er tritt noch mal nach unten, wo seine Ex ihm zuliebe stehen blieb, so weit entfernt, dass man sich aus den Augen verlor.

Nach dem Motto: Dieses Muttchen passt nicht mehr zu mir und meiner Welt der Wichtigen und Mächtigen. Ein einziges Interview, drei, vier Sätze, und die Karriere ist im Eimer. Dabei wollte er doch nur vermeiden, dass die Bürger »zu viel Distanz zu ihren politischen Repräsentanten haben«. Sie sollten deutlicher zeigen, dass sie »ganz normale Menschen mit Stärken und Schwächen sind und nicht elitäre Politikmaschinen«.

Nur: So »normal« will wohl keiner sein, dass er nach fast drei Jahrzehnten Ehe in seiner Frau plötzlich nur noch das Heimchen am Herd sieht. Dass er eine neue Partnerin braucht, die mit Augenhöhe offen ist für das große Leben eines Oberstaatsmanns. Im konkreten Fall eine selbstständige Strategieberaterin, die völlig frei und unbefangen war, weil die Kinder schon aus dem Gröbsten raus sind. Die überrasche ihn ab und zu mit einem besonderen Balsamico-Essig oder einem Stück Parmesan, ließ er die staunende Öffentlichkeit wissen. Seine Ehefrau hätte ja viel zu weit emporklettern müssen, um an Schatzis Mund zu gelangen.

Klar, ohne Amt wird's jetzt eigentlich wieder gemütlich im Hause Albig, er kann entschleunigen und seine neue Gefährtin mit Balsamico-Essig überraschen, einkaufen gehen und den Müll rausbringen. Ich denke, das mit der Augenhöhe bekommt dann eine neue Perspektive.

Über Pommes, Fritten und die EU

Der Satz des Pythagoras hat 24 Wörter, das Vaterunser 56, das Archimedische Prinzip 67, die Zehn Gebote 279, die gesamte amerikanische Unabhängigkeitserklärung 300 – aber die Verordnung der Europäischen Union zum Import von Karamellbonbons umfasst sage und schreibe 25 911 Wörter! Und da sage einer, die hoch bezahlten EU-Beamten in Brüssel, Luxemburg und Straßburg hätten nichts zu tun. Vorbild könnte der deutsche Bürokratismus gewesen sein, dieser Riesenkrake im Staatsgewand, denn allein der Paragraf 19 a des (alten) Einkommenssteuergesetzes kam auf 1862 Wörter!

Die EU war zwar nicht in der Lage, den unermesslichen Zustrom von Wirtschaftsflüchtlingen an den Außengrenzen abzuwehren und konnte dem Bürger auch keinen Schutz vor islamistischen Terroristen bieten – aber in den wesentlichen Dingen ist »Europa« immer präsent und spitze: wie viel Watt ein Staubsauger haben darf, wie Glühbirnen beschaffen sein müssen, um uns möglichst kaltes Licht zu geben, oder dass Ölkännchen nicht auf den Tisch einer Gaststätte gehören ...

Im Sommer 2017, die hausgemachte Flüchtlingskrise trieb gerade die Europäer in die Arme von Rechts- und

Linkspopulisten, wandte sich »Brüssel« wieder einmal Wesentlicherem zu: 67 Parlamentarier aus 28 Mitgliedsstaaten (der Brexit war noch nicht vollzogen, die top-entlohnten EU-Jobs von den Engländern noch besetzt) berieten vier Wochen lang in Bürgeranhörungen und mit Expertengruppen ein existenzielles Problem. Es wurden besorgte Bürger aus Deutschland genauso gehört wie italienische Gastwirte, finnische Tiefkühlkost-Händler oder belgische Bauern. Thema: Wie müssen beziehungsweise dürfen Pommes künftig frittiert werden, damit kein Krebsrisiko entsteht?

Besonders umstritten und von Sanktionen bis hin zum Verbot bedroht waren die traditionellen belgischen Fritten, die besten der Welt. Und Europa wäre nicht Europa, wenn nicht ein Land durch ein Veto dazwischengrätschen würde. Klar, Belgien schaffte es, dass bei der Abfassung der neuen Frittierordnung zumindest ein Kompromiss zustande kam. Im Klartext (mit Hunderten von Wörtern): Man bewahrt die Pommes-Esser durch bessere Lebensmittel- und Ölkontrollen und sanftes, vor allem einmaliges Frittieren vor Krebsgefahr. Die Belgier allerdings dürfen weiterhin doppelt frittierte Pommes essen, weil diese besondere Zubereitung ein Teil ihrer nationalen Identität darstellt. Krebs hin, Krebs her.

Es stimmt: Diese doppelt frittierten Pommes aus handgeschnittenen rohen Kartoffeln sind die allerbesten und die Zubereitung dauert immer etwas länger. Es gibt sie zum Beispiel an einer Ecke des Berliner Wittenbergplatzes. Die besten aß ich in einem belgischen Restaurant auf der kanadischen »Kartoffel-Insel« Prince Edwards Island, unter Wissenden nur PE genannt. Als einer, der dazugehört, spricht man ja auch von Kitz oder P'berg, der gewöhnliche Massentourist will ganz vulgär nach Kitzbühel oder dem Berliner Bezirk Prenzlauer Berg. Albern!

Aber Europa wäre nicht »Europa«, wenn es auf dem Weg vom Kartoffelschneiden bis in den Verbrauchermagen nicht noch einiges zu regeln gäbe. Was heißt: einiges?! Damit man in der weiten Welt des Frittierens nicht die Orientierung verliert, gibt es Gott sei Dank die Europäische Kommission und ihre Verordnung Nr. 852/2004 mit der Verpflichtung aller Mitgliedsstaaten, den Verbrauchern die Sicherheit ihres Essens zu garantieren. Und genau diese Sicherheit ist in Gefahr, da nach Verordnung Nr. 315/93 Acrylamid, ein Stoff, der beim Frittieren entsteht, krebserregend sein kann.

Deshalb hat die um unser aller Wohlergehen besorgte Kommission gemäß ihrer Empfehlung Nr. 2013/647/EU diese Expertenrunden eingesetzt mit dem Ergebnis: Pommes sollten vor dem Frittieren besser blanchiert, also kurz aufgekocht werden – und nicht, wie die belgische Variante, roh und doppelt frittiert. Alles klar?! Man sollte also bei jeder Bestellung erst mal fragen, ob die geliebten Pommes nun auch wirklich nach EU-Norm oder nach belgischer (Ab-)Art zubereitet wurden ...

Der Bundes-Bläh-Reichstag

Besonders leicht würde es wohl denen fallen, die gehen oder gar nicht mehr aufgestellt werden. Und mit genau diesem Gedanken haben sich die Kritiker schon verraten, denn der Umkehrschluss heißt ja: Wer gerne wiederkommen würde, stimmt mit Nein. Nun geht es hier nicht um einen Kaninchenzuchtverein oder einen Schachclub, die ihre Vorstandszahl verkleinern wollen. Es geht um eines der wichtigsten Parlamente der Welt, das nach der letzten Bundestagswahl auf sage und schreibe 709 Abgeordnete aufgebläht wurde. Damit reiht sich der Bundestag im Reichstagsgebäude, eines der schönsten Ergebnisse des Mauerfalls und der friedlichen Revolution von 1989, zwischen die »Volksversammlungen« der kommunistischen Diktaturen China (2987 Mitglieder) und Nordkorea (687) ein – braucht also eine Mammutveranstaltung wie diese Diktatur-Marionetten.

Das alles bestätigt, was mir ein Parlamentarier anvertraute: Wenn die großen Parteien, wie dann auch geschehen, stark verlieren, dürfen wegen der Direkt-, Überhang- und Ausgleichsmandate wesentlich mehr Abgeordnete nach Berlin kommen, als wenn es diese nicht gäbe. Ein toller Trick, eine Mogelpackung der Volksnähe der Volksparteien, die viel Prozentpunkte, aber wenig Personal verlieren.

Der Bund der Steuerzahler monierte den Selbstbedienungsladen sofort, den auch der scheidende (!) Bundestagspräsident Norbert Lammert einschränken wollte. Er sah sich bei Sitzungen und Ausschüssen mit der Tatsache konfrontiert, dass ein zu großes Parlament gar nicht arbeitsfähig ist. Steuerzahlerbund-Chef Reiner Holznagel: »Ich erwarte von allen Fraktionen im neu gewählten Bundestag, dass sie das Wahlrecht sofort reformieren. Wir brauchen eine Obergrenze für den Bundestag: 500 Abgeordnete sind genug!« Raffinierte Anspielung: Obergrenze.

Und dann die Geldverschwendung – wohlgemerkt mit schlechterer Arbeit, weil man nicht mal weiß, wo man die 709 Gewählten und Ernannten überhaupt hinsetzen soll, es muss ja auch an die Büros für die Abgeordneten plus Mitarbeiterstab gedacht werden. Nennen wir mal den »kleinsten« Mehrbetrag durch die Bläh-Krankheit: Die 100 Besucher, die jeder Abgeordnete jährlich nach Berlin einladen darf, inklusive Hotel, Verpflegung und Fahrt. Bisher kostete das 7,4 Millionen Euro, jetzt kommen 750 000 Euro dazu. Bei den Abgeordnetenbezügen sind es dann schon 13 Millionen mehr, hinzugerechnet natürlich die Versorgung nach dem Ausscheiden: jetzt rund 55 Millionen, später kommen dann die 79 Mehr-Abgeordneten dazu. Rund 20 Millionen bekommen die neuen Mitarbeiter der neuen Parlamentarier dazu, denn jeder darf exakt 20 870 Euro im Monat dafür ausgeben. Und und und ... Reisekosten sowie eine pauschale Gratis-Bahncard 1. Klasse oder Sachkosten von der Visitenkarte bis zu den Füllhaltern, Montblanc lässt grüßen.

Was wenige wissen: Jede Fraktion erhält einen Grundbetrag von 411 313 Euro im Monat (!) und 8586 Euro je Abgeordneten, dafür haben die Vorsitzenden dickere Autos und mehr Räume und Mitarbeiter. Rechnet man nun die beiden neuen Fraktionen AfD und FDP ein, summiert sich das auf Extrakosten von rund 20 Millionen Euro.

Es ist wie im wahren Leben: Wer pensioniert wird, lässt gerne los und gibt gerne ab und ist bei allen Reformen, die das Personal betreffen, gerne dabei. Doch wenn es um die eigene Zukunft geht, findet man immer noch Gründe, die sinnvollen Vorschläge von Lammert und Holznagel abzuschmettern – und was schlimmer ist: sie einfach zu übergehen und auszusitzen, als seien sie Luft. Womit wir wieder bei den Mogelpackungen wären, denn die echten bestehen ja gerne aus Luft, die großen Inhalt vortäuscht. Es wäre also besser, eine schnelle Wahlrechtsänderung würde in vier Jahren eine ganze Menge Bläh-Parlamentarier an dieselbe setzen.

Wobei der Schlusssatz mir von Herzen kommt, nach über 44 Jahren in der politischen Berichterstattung: Es gibt viele Abgeordnete, die gute Arbeit für diese Finanzen leisten, die meist durch »Schwarze Peter« schlecht gemacht und in Misskredit gebracht werden. Es können natürlich auch »Schwarze Petras« sein. Im Bundestag wird mehr gearbeitet, als es nach außen hin scheint. Viele sind eben für die TV-Übertragungen Luft, weil sie im Wahlkreis oder in Ausschüssen sind. Das sollte man immer (mit-)bedenken.

Hände weg von unseren Vereinen!

Männer können gerne unter sich bleiben – gemeinnützig ist so was aber nicht, ganz gleich, was sie tun. So lässt sich salopp ein Urteil des Bundesfinanzhofs zusammenfassen, das einen wieder mal fragen lässt: In welcher Welt leben unsere Richter eigentlich? Konkreter Anlass sind die Freimaurerlogen, die nun nicht wegen ihrer geheimbündischen Lehre ihre Steuerprivilegien verlieren sollen oder wegen eines Verstoßes gegen das Vereinsgesetz. Nein, alleiniger Grund ist, dass dort nur Männer Mitglieder sein dürfen und Frauen ausgeschlossen sind. Was Jahrhunderte Brauch ist, wird plötzlich zum Verbrechen erklärt.

Wir scheinen jedes Maß verloren zu haben. Was hat denn das Vereins-Geschlecht mit der Gemeinnützigkeit zu tun? Ich dachte, die Zeiten, dass ein gesinnungsschnüffelnder Staat ideologisch in die Vereine eingreift, seien endgültig vorbei. Im Rahmen unserer Gesetze kann man doch gründen was man will – und wer sich für die Allgemeinheit einsetzt, sollte auch steuerlich begünstigt werden. Ich denke an die wunderbaren christlichen »Frühstückstreffen für Frauen«, bei denen ich vor rund 30 Jahren der erste männliche Redner war. Das hat doch einen Sinn, wenn Frauen sagen: Hier wollen wir mal ganz unter uns sein. Warum denn nicht? Darf ich meine Spenden an den Trägerverein jetzt nicht mehr von der Steuer absetzen, weil das alles »nur« Frauen sind?

Es gibt »Ladies Nights« für Unternehmerinnen oder Sparkassenkundinnen, herrliche Frauenchöre, sogar eine »Ladies dental Night« für Zahnärztinnen. Ja, was ist denn dabei, wenn Frauen oder Männer unter sich sein wollen? Dann gründet doch gefälligst was Neues, was dann als gender-gerecht oder politisch-korrekt verkauft werden kann. Aber lasst das Bestehende in Ruhe! Wie schön kann ein Männerchor klingen – wieso müssen Frauen dabei sein?! Oder Schützenbrüder, die bewusst keine Schützenschwestern oder Schützengeschwister sein wollen.

Was soll diese elende Gleichmacherei? Wieso geben sich Richter für so etwas her? Lasst die Hände von unseren Vereinen. Ohne sie sind wir aufgeschmissen, auf jeden Fall ärmer. Wenn Steuerprivilegien wegfallen, prognostizieren Experten ein riesiges Vereinssterben. Und dass ideologische Verblendung und intellektuelles Defizit zwei Seiten

derselben Medaille sind, beweist die Stellungnahme eines
bedeutenden Juristen zur Unterstützung des eigentüm-
lichen Bundesfinanzhof-Urteils: Es sei doch gar kein Problem für Männerchöre, Frauen aufzunehmen, »es gibt
doch auch Tätigkeiten wie die Buchführung, die Kasse oder
die Mitgliederbetreuung«. Schade, dass dieser Oberideologe
nicht noch Kaffee kochen und Abwasch aufgezählt hat.
Und ich rätsele, was wohl unter »Mitgliederbetreuung« zu
verstehen ist ... Zu dumm, um zu merken, dass man damit
die Frau wieder dort hat, wo man sie eigentlich weghaben
wollte: Die Männer singen, während die Frauen das Büfett
vorbereiten.

Tradition ist nicht dasselbe wie Diskriminierung. Nur
weil etwas nicht dem Zeitgeist entspricht oder keine Gnade vor den Augen der Gesinnungs- und Gender-Polizisten
findet, ist es nicht automatisch weniger gemeinnützig.
Schluss mit der Steuerschikane! Sich Gesinnung über den
Geldhahn zu erkaufen, ist einer Demokratie nicht würdig.
Es hilft also der berühmte »Nichtanwendungserlass«, der
dem Finanzminister ermöglicht, den Bundesfinanzhof ins
Leere laufen zu lassen. Ganz nebenbei wäre es generell an-
gebracht, mal endlich wieder zu einer normalen Lebens-
wirklichkeit zurückzukehren!

Multikulti-Mogelpackung

Wo bleibt der Aufschrei? Wo sind all die Bischöfe und Politikerinnen, die grünen und roten Frauenrechtlerinnen?
Wo ist der Kirchentag, wo sind die Gleichstellungs- und

Integrationsbeauftragten? Schweigen im Walde! Stattdessen sogar noch Verharmlosung und dieser stupide Satz, der auch durch seine Dauerwiederholung nichts an Wahrheit gewinnt und immer eine Mogelpackung bleibt: »Das hat doch mit dem Islam nichts zu tun!« Oder, noch dümmer: »Das ist ein völlig missverstandener Islam, eine archaische Auslegung des Korans.« Man kann es nicht mehr hören, und mich wundert es nicht, wenn Leute am Funktionieren unserer Demokratie (ver-)zweifeln.

Was war passiert? In Montabaur in Rheinland-Pfalz hat ein Polizist seiner Kollegin den Handschlag verweigert, als sie ihm zur Beförderung gratulieren wollte. Na ja, das ist doch eher eine peinliche Unhöflichkeit und geht mit dem Mann nach Hause. Eigentlich nicht der Rede wert. Genauso haben das die meisten interpretiert, selbst als die Hintergründe bekannt wurden: Der Polizist ist ein überzeugter Muslim, sogar Moschee-Laien-Prediger, und erklärte ganz offiziell: »Aus religiösen Gründen gebe ich einer Frau nicht die Hand.« Punkt! Im Land des Grundgesetzes, wo die Gleichwertigkeit von Mann und Frau festgeschrieben ist – in einem Land, zu dessen Leitkultur und Tradition das Händeschütteln gehört: Ich gebe als Muslim einer Frau doch keine Hand ....

Ich erinnere mich an eine Sendung mit der Bezirksbürgermeisterin von Berlin-Neukölln, Franziska Giffey (SPD), Nachfolgerin des legendären Heinz Buschkowsky. Die erzählte, wie sie gleich zu Amtsbeginn ein Exempel statuiert hat, damit multikulturelles Zusammenleben keine Mogelpackung ist. Als ein Imam ihr Büro betrat und sich weigerte, ihr die Hand zu schütteln, »habe ich den gleich mal vor die Tür gesetzt«. Dasselbe habe auch ich schon oft erlebt, wenn ich mit Muslimen in einer gemeinsamen Talkshow war, wenn wir uns in der Maske trafen und sie demonstrativ an den Frauen, die ich vorher per Handschlag begrüßt hatte, vorbeigingen. Ich habe das jedes Mal in der Sendung angesprochen – mit unterschiedlichen Reaktionen des Publikums. Manche dachten bei sich: Der mäkelt auch an allem rum ...

Dabei ist das doch keine Lappalie! Das vielbesungene Multikulti ist dann eine schräge Nummer und eine Mogelpackung, wenn einer seine Religion höher setzt als die Grundrechte unseres Landes. Das darf ich als Christ genauso wenig. »Wieso, wir geben uns in der Redaktion doch auch keine Hand«, meinte eine Kollegin. Ja, wie naiv muss man denn sein?! Sich zu einigen, aus Prinzip auf den Handschlag zu verzichten, ist doch etwas völlig anderes, als bewusst zum Beispiel Frauen von dieser hierzulande üblichen Höflichkeitsgeste auszuschließen.

Der verweigerte Handschlag wird zum Symbol für die Unterdrückung und Verachtung der Frau. Wer heute die Hand nicht gibt, erhebt morgen das Messer zur Rettung der Ehre seiner Familie und seiner Religion. Deshalb hat das Mainzer Innenministerium richtig gehandelt und dem Polizisten, der als Beamter auf das Grundgesetz eingeschworen ist, die Grenzen gezeigt: Gehaltskürzung und Versetzung, im äußersten Fall Kündigung.

Aus Kreisen innenpolitischer Experten weiß ich, dass es inzwischen erste Kündigungen muslimischer Polizeibeamter gibt, über die die Öffentlichkeit allerdings nicht informiert wird. Man will sich sein Idealbild von der Multikulti-Mogelpackung doch nicht zerstören lassen! Polizisten sind ja via Dienstcomputer über alle sicherheitsrelevanten Vorgänge informiert. Wenn ein Beamter (siehe jener »Handschlags-Laienprediger«) seine Loyalität zur Religion nun höher setzt als die zum Grundgesetz, kann das dramatische Folgen haben. Konkreter Fall zum Beispiel: Ein Polizist warnte seine Brüder vor einer Drogen-Razzia. Für ihn war das ein klarer Akt der Familienehre, also etwas Ehrenwertes, und kein Verrat von Dienstgeheimnissen.

Die Gutmenschen-Gleichung: Je mehr muslimische Polizisten, desto besser sind Integration und Sicherheit, ist eine naive Milchmädchenrechnung. Klar, »Verräter« gibt's auch bei Christen, Buddhisten und Atheisten, aber keine Religion greift so stark in Persönlichkeitsrechte und Politik ein wie der Islam. Wer seine Scharia ausleben will, hat weder in unserem Land noch erst recht im Staatsdienst etwas zu suchen. Oder haben wir die Waffen der Wahrheit längst gestreckt: Der Islam gehört zu Deutschland ...

Schreiben nach Gehör und ohne Sinn und Verstand

Als Ehrenkommissar der Bayerischen Polizei werde ich natürlich hellwach, wenn ich etwas über meine »Kollegen« lese. So die Schlagzeile der *WELT*: »Wenn die Akkustick die Karriere als Polizist verhindert.« Der Artikel beginnt mit einem Witz, der leider traurige Wahrheit ist – nicht nur im Polizisten-Beruf: Entdecken zwei Beamte einen Toten vor dem örtlichen Gymnasium. Der jüngere zückt den Kugelschreiber, um das Protokoll aufzunehmen, stockt jedoch:

»Wie schreibt man denn eigentlich Gymnasium?« Sein ratloser Kollege zuckt mit den Schultern und antwortet erleichtert: »Komm, schleppen wir ihn auf die andere Straßenseite, da ist die Post.«

Kaum jemand kann noch richtig schreiben, ganz zu schweigen von Kommasetzung. Doch für viele Berufe gehört Orthografie zur Grundausstattung. Aber wie sollen zum Beispiel Polizeiakademien das nachholen, was in Elternhaus und Schule versäumt wurde? Bei der Eignungsprüfung zum Polizeidienst rasselte 2016 in Baden-Württemberg mehr als ein Drittel der Bewerber durch die Deutschprüfung. Und das, obwohl (oder gerade weil!) mittlerweile mehr Abiturienten als früher antreten. Kaum jemand wusste, dass Betrunkene vor einer Kneipe krakeelen, nicht jedoch krakehlen oder krakelen. Und dass man Aggression mit zwei »g« und zwei »s« schreibt, war auch nicht gerade bekannt. Ganz zu schweigen von der Akustik.

Soll man die Sprachprüfungen nicht einfach abschaffen und auf elektronische Rechtschreibprogramme setzen? Oder das Niveau senken? Ist es nicht ohnehin egal, ob ein Polizist mit Blick auf seinen oft lebensgefährlichen Einsatz bei Terror, migrantischen Familienfehden, G-20-Gipfeln oder Fußballspielen das Wort »Inkrafttreten« richtig buchstabieren kann? Aber ein Bäcker, Metzger oder Koch muss ja auch ein Rezept schreiben oder lesen können und wissen, was ein Drittel oder ein Pfund ist. Erschütternd, was man oft auf den Tisch bekommt, wenn Abiturienten oder examinierte Studenten sich handschriftlich um ein Praktikum oder eine Stelle bewerben.

Der Cheflektor eines großen Verlages erzählte mir von

erstaunlichen Bewerbungsschreiben. Das Lektorat ist in einem Buchverlag ja die Abteilung, die sich am intensivsten mit Texten und damit der Sprache befasst. Schon in den Anschreiben seien bis zu sieben Rechtschreibfehler nicht selten – dabei handelt es sich pikanterweise um Leute, die ein glänzendes Universitätszeugnis beilegen und beste Noten im Deutschen aufzuweisen haben. Sein trockener Kommentar: »Ich möchte doch nicht von einem Augenarzt operiert werden, der zwar mit dem Skalpell umgehen kann, aber eine gesunde Netzhaut nicht von einer kranken unterscheiden kann.«

Und was heißt handschriftlich?! Selbst das ist in manchen Bundesländern bereits abgeschafft, dabei gehört Handschrift zu unserer Kultur, sagt etwas aus über Person und Persönlichkeit. Es ist ein Irrwitz von irgendwelchen Gutmenschen der Multikulti- und Genderszene, Bewerbungen per Computer und ohne Bild zu schicken. Handschrift und Bild sagen doch etwas aus. Oft ist es der erste Blick, der mehr sagt als die Noten eines Zeugnisses. So was kann man doch nicht anonym machen.

Kinder und Jugendliche können nichts dazu, wenn das Niveau in den Abgrund rast. Sie werden zu Versuchskaninchen wirrer Bildungspolitiker degradiert, die nach jeder Wahl als Erstes die Schule umkrempeln. Sicherheit für Lehrende und Lernende gibt's höchstens für eine Legislaturperiode. Da gibt's diesen Schwachsinn »Schreiben nach Gehör«, also korrekter natürlich: »Schraibm nach Ghöa.« Begleitet von teuren Expertengruppen, ausgeführt von ratlosen Lehrern am Gängelband wirrer Kultusbürokraten. Wer eins und eins zusammenzählen kann, wusste schon damals: Das kann nicht funktionieren. Das liest sich wie Loriot und Realsatire, zum Beispiel: »Liber Pappa ich wösche dir fil schpas bei der apeit.«

Dieses Baby-Sprach-Desaster begleitet unsere Kinder ihr Leben lang. Sie leiden noch darunter, wenn nach den verantwortlichen Politikern längst Straßen benannt sind. Man braucht klare Regeln und nicht die rot-grüne Wünsch-Dir-was-Lyrik, nach der jeder Lehrer sich seine Methode selbst aussuchen kann. Das signalisiert doch den Schülern: Richtiges Schreiben ist nicht so wichtig. »In Mathe war zwei plus zwei immer schon vier, und nicht ungefähr vier. So muss es auch im Deutschunterricht sein«, meint eine Kultusministerin.

Aus Mecklenburg-Vorpommern liegen konkrete Zahlen vor, die die Kultusbehörde erst nach hartnäckigem Nachfragen dem Landtag rausrückte: Vergleichsarbeiten aller Drittklässler des Landes belegen, dass nur ein Drittel der Schüler die Rechtschreibung halbwegs passabel beherrscht, ein Drittel erreicht noch nicht mal den Mindeststandard. Es mag ja ganz lustig für Kita-Sprösslinge sein, im Advent zu schreiben »Wir haben schbekulazijus gebakn«, für Schüler ist das eine Katastrophe. Erst dieses verhunzte Kindersprech (Eltern, bitte nicht korrigieren, das mindert die Motivation!), dann plötzlich ab der vierten Klasse regeltreu – ja wie soll das denn gehen?! Interessant: Lehrer, die selbst Grundschulkinder haben, halten sich privat nicht an diese haarsträubende Methode. So wie Grüne ihre Kinder auch nicht in die Multikulti-Problemkiez-Schule schicken, sondern aufs Privatgymnasium ...

Und als wäre es eine weltrevolutionäre Erkenntnis von

den Ausmaßen der Einsteinschen Relativitätstheorie, flötet ein Bildungspolitiker: »Die mediale Welt verkürzt unsere Sprache. Wir müssen deshalb wieder mehr darauf achten, dass Bücher gelesen, Diktate geschrieben und Texte auswendig gelernt werden.« Ja, dazu braucht es diese Herrschaften nicht, die erst wach werden, wenn das Kind in den sprichwörtlichen Brunnen gefallen ist. Das hätte meine Oma mit Zwergschule und ohne Abitur auch gewusst. Rein aus gesundem Menschenverstand und Lebensweisheit.

Allerdings bin ich im Besitz eines Unfallprotokolls der Polizei, wo mein Geburtsdatum auf 1857 festgesetzt ist und durchgehend rechts mit links verwechselt wird. Da ist dann wohl Hopfen und Malz verloren!

Frau am Steuer, Hirn im Eimer

Zu vergleichen war das Ereignis höchstens mit der ersten Mondlandung, die ja bekanntlich ein kleiner Schritt für den Menschen (Neil Armstrong), aber ein großer Sprung für die Menschheit war. So etwas Ähnliches muss sich hier abgespielt haben, betrachtet man die Abendnachrichten in Funk und Fernsehen, jenes unüberhörbare Tremolo in den Stimmen der Moderatoren und die ganze Dynamik, die sie in ihre Worte legten. Nichts Geringeres als der Sieg der Frauen, ein Meilenstein der Gleichberechtigung und ein großer Schritt für Frauenrechte sei da geschehen: Saudi Arabien hat den Frauen gestattet, demnächst Auto zu fahren.

Wer sich durchs Netz klickte oder die internationalen

Nachrichtenportale besuchte: allüberall entzücktes Jauchzen, überschwenglicher Jubel – und das alles noch als Aufmacher, obwohl doch gerade erst der deutsche Wahl-Schock vom 24. September 2017 zu verdauen war. Man erinnerte sich: Die Frauen durften schließlich auch ein Sportstadion betreten, sozusagen in ihrem eigenen vollverschleierten Fanblock stehen. Weltweites Aufatmen über diesen beginnenden Arabischen Frühling für Frauen.

Und jetzt fängt es an, wehzutun. Das Hirn dieser sogenannten Journalisten scheint völlig im Eimer. Es ist den Frauen eben nicht zu wünschen, dass über sie das Frühlingserwachen kommt. Wir wissen doch, was Schreckliches daraus geworden ist und wo das gerade für Frauen geendet hat. Schön, dass Saudi Arabien den Österreichern ganz nebenbei zeigen will, dass Autofahren auch in Vollverschleierung geht. Die hatten nämlich gerade die Burka am Steuer verboten.

Ja, das ist wirklich ein Sieg der Frauen, die in Saudi Arabien noch ein paar Kleinigkeiten zu erdulden haben. Aber wir schaffen das, würde Frau Merkel sagen. Sie dürfen keinen Pass beantragen und kein Konto eröffnen, keine Verträge schließen, keinen Beruf aussuchen und nicht verreisen. Dafür ist immer der Mann zuständig, der sie auch jederzeit in die Wüste schicken kann und das Recht hat, die Kinder zu behalten.

Ohne männlichen Vormund darf keine Frau in dem Golfstaat leben, für alles und nichts brauchen sie dessen Zustimmung. Es gilt strikte Geschlechtertrennung, selbst bei der Hochzeit feiern Männer und Frauen getrennt. Ohne Verschleierung darf keine Frau in die Öffentlichkeit und sich auch von keinem Mann begleiten lassen, der nicht mit ihr verwandt ist.

Ach, das sind ja alles Lappalien. Jetzt dürfen saudische Frauen ans Steuer, und bei deutschen Journalisten ist das Hirn im Eimer. Wenn die mal einen Besuch in der Golfregion machen, sollten sie auf den Rat des Auswärtigen Amtes und der Luftfahrtgesellschaften hören: keine Bibeln oder Kreuze mitnehmen, so viel Toleranz muss sein. Klar, man bekommt dafür nicht mehr die Hände abgehackt, aber man wird sofort nach Hause geschickt. Vielleicht von einer autofahrenden vollverschleierten Frau, die vorher ihren Mann gefragt hat, ob sie außer Landes darf. Wir haben schließlich Arabischen Frühling!

Der Traummann vom *Traumschiff*

In seinem viel gelesenen *Tagebuch des Herausgebers* fragte *FOCUS*-Legende Helmut Markwort, warum eigentlich bei der Trauerfeier für *Traumschiff*-Produzent Wolfgang Rademann niemand geklatscht hat. Ich fragte mich das auch nach der bewegenden Rede von Harald Schmidt, stimme Markwort aber zu: In der weihevollen Kaiser-Wilhelm-Gedächtniskirche waren vor allem Schauspieler, die seit Jahren nicht mehr in einem Gotteshaus waren und wohl unter dem Zwang zur Zurückhaltung litten. Nach Schmidts Rede hätte ein Typ wie Rademann auf jeden Fall Beifall gespendet – und beim Thema Spenden liegt man bei ihm durchaus richtig. *BUNTE*-Chefredakteur Robert Pölzer überschrieb sein Editorial: Die Großzügigkeit des Herzens.

Niemand hat den Menschen so viel niveauvolle Unterhaltung geboten, allein die »Landausflüge« der Schiffsserie waren pure Volkshochschule, aber nie oberlehrerhaft. Meine über 90jährige Mutter hat durch Rademanns grandiose Filme die Welt und fremde Kulturen kennengelernt. Und auch Schauspieler wiedergesehen, von denen man dachte, sie existierten gar nicht mehr. Rademann hatte ein Händchen für das, was das Volk sehen will, um wenigstens für 90 Minuten dem Weltschmerz und all den TV-Belehrungen selbsternannter Moralisten und Gutmenschen zu entkommen. Leute, die vor lauter Fernsehen keine Nahsicht für die wirklichen Wünsche des Publikums haben. Dasselbe gilt für die erfolgreichste Fernsehserie aller Zeiten: *Die Schwarzwaldklinik.* Niemals erhobener Zeigefinger, keine platten Politpossen, etiketten-schwindlerisch in Unterhaltung verpackt! Ich gebe es zu: Manche Episoden waren zum Schluchzen schön ...

So erging es mir bei den Abschiedsworten von Harald Schmidt, den Rademanns Lebensgefährtin Ruth Maria Kubitschek um die Abschiedsrede gebeten hatte. Wieso der Zyniker und Spötter Schmidt und keiner jener bedeutenden Charakterdarsteller, die die Kirche füllten? Nach seiner bewegenden Ansprache wusste man es: Der ehemalige Messdiener zeigte sich von einer ungewohnt sensiblen, einfühlsamen Seite. Harald Schmidt erzählte Anekdoten und Marotten, auch wie Rademann sentimentale Augenblicke durch seine »Berliner Schnodderigkeit« zu überspielen suchte. Oder wie dieser erfolgreichste deutsche Produzent immer bodenständig und bescheiden blieb. Als er zwölf war, erlebte er, wie sein Vater im Krieg buchstäblich verhungerte – und er erinnerte die schauspielende Schicki-Micki-Schiffs-Schickeria immer wieder daran: »Ich muss nie mehr hungern und frieren, das reicht mir.« Den Krieg erlebt zu haben, sei seine beste Lebensschule gewesen.

Oder wie er immer wieder vergessene, verarmte Schauspieler für Gastrollen anheuerte und ihnen das Gefühl gab: Ihr seid noch nicht abgeschrieben. War eine Besetzungsliste schon abgeschlossen, und er hörte, dass ein Schauspieler dringend eine Rolle brauchte, ließ er für ihn nachträglich eine ins Drehbuch schreiben. Die Gage zahlte er oft privat. Oder er bestellte Drehbücher, die er gar nicht brauchte, nur damit der Autor sein Auskommen hatte. Als *Das Traumschiff* 2011 Kurs auf Japan nahm, geschah das Reaktorunglück von Fukushima. Ohne lange Absprachen nahm er das Ruder selbst in die Hand, es ging nach Bali: »Du kannst nicht in ein Land fahren, das so voller Leid ist und dann Trallala machen.«

Wolfgang Rademann hatte das absolute Gefühl für das Publikum, so wie man bei bedeutenden Musikinterpreten vom »absoluten Gehör« spricht. Das gilt auch für das, was man den »letzten Willen« nennt. In Absprache mit Ruth Maria Kubitschek (»Ich habe als Schauspielerin genug Geld verdient«) verfasste er ein außergewöhnliches Testament, aufgesetzt nach der Leberkrebs-Diagnose (als Nichtraucher und Abstinenzler!): Sein gesamtes Vermögen teilte der bescheidene Multimillionär an Freunde und Weggefährten auf, »die es verdient oder bitter nötig haben«. Insgesamt rund 100 Erben.

Und es kam heraus: Der als geizig verschriene Traumschiff-Mann (trug seine Drehbücher in Plastiktüten mit sich herum!) hatte immer wieder Menschen in Not höhere Beträge zugesteckt. Eine TV-Kollegin bekam genug Geld, um ihre Tochter in ein Internat schicken zu können. Dem Waisenkind eines TV-Stars finanzierte er Ausbildung und Studium, weiß die *BUNTE*. Und wer unverschuldet verschuldet war, konnte auf seine Hilfe zählen. Die Medien reagierten verblüfft und bewegt, als das nach seinem Tod herauskam. Der Mann mit den erfolgreichsten »Shows« im deutschen Fernsehen brauchte im eigenen Leben die Show nicht. Ganz im Gegensatz zu manchen Charity-Selbstdarstellern. Traumhaft!

Limburger Käse

Nein, das ist keine Meldung aus Eriwan, auch nicht aus Absurdistan. Das ist weder Realsatire noch ein neu entdeckter Sketch von Loriot. Das ist das moderne Deutschland. Das Land der Dichter und Denker, von allen guten Geistern verlassen. Jetzt verstehe ich Heidi Hetzer, einst Berlins bedeutendste Autohändlerin, die mit ihren über 80 Jahren und ihrem Oldtimer »Hudo« um die Welt gefahren ist. Ich erlebte sie nach ihrer Rückkehr, quicklebendig und schlagfertig neben mir in der *MDR*-Talkshow *Riverboat* sitzend. Auf die Frage von Jörg Pilawa, was ihr nach drei Auslandsjahren in Deutschland am meisten aufgefallen sei, antwortete sie mit ihrer typisch Berliner Schnauze: »Diese elende politische Korrektheit, dass man sich nicht mehr zu sagen traut, was man denkt.«

Es ist doch nur noch peinlich, wenn ein leibhaftiger

konservativer Bundesminister in einem Wahlkampf-Ran-schmeiß-Interview sagt: »Ich bin Feminist.« Lächerlich! Das Gleiche passierte in Limburg an der Lahn, jener herr-lichen Domstadt in Hessen. Ein Oberbürgermeister mit null Selbstbewusstsein, Duckmäusertum gegenüber Leu-ten, von denen keiner offen sagt, dass sie nicht ganz richtig ticken. Sich auf so etwas einzulassen, statt es abzubügeln, zeigt, wie sehr wir es in unserem Wohlstandsland verlernt haben, wichtige von unwichtigen Fragen und Problemen zu trennen.

Jedes einzelne Schlagloch müsste unseren Politikern mehr Kopfzerbrechen machen als dieser Unsinn, der wie ein Aprilscherz klingt: Eine Bewohnerin der Stadt, eine überzeugte Veganerin, hatte sich beschwert, dass vom Glo-ckenturm des Rathauses jeden Mittag unter anderem das Kinderlied erklingt: »Fuchs, du hast die Gans gestohlen ...« Sie isst ja als Veganerin keinerlei tierische Lebensmittel und sei empört über das Schießgewehr und all die blut-rünstigen Assoziationen rund um den diebischen Fuchs. Statt diese »Beschwerde« im »Rundordner« abzulegen, wurde das harmlose Lied, das hoffentlich viele Kinder bes-ser können als irgendetwas Englisches aus dem Internet, aus dem Repertoire genommen.

Selten habe ich so viel Resonanz auf eine Kolumne in der *Bild am Sonntag* bekommen wie zu diesem Limburger Käse. Es hätte massenweise hämische Kritik gegeben, bestätigte der Sprecher der Stadt. Die Leute waren auf 180! Die »Vegane Gesellschaft Deutschland« sprach dagegen ganz offiziell von einer »empathischen Geste« des Politi-kers. Meine Schlussfolgerung: Als Nächstes wird wohl

»Hänschen klein ...« auf den Index gesetzt, weil zu Beginn
der zweiten Strophe nicht gender-gerecht geweint wird ...
Und um für Limburger Veganer wählbar zu sein, sollte der
Herr Bürgermeister dann auch seinen tierischen Namen ab-
legen. Er heißt nämlich Hahn!

Schönster Leserbrief in der *BamS*: »Bei manchen Leuten
scheint statt der Gans das Gehirn gestohlen worden zu
sein.« Vegansinn!

Feigheit siegt:
Das Kreuz mit dem Kreuz

Der Mann hat recht! Denn wer sich als Christ nicht zu erkennen gibt, ist eine wandelnde Mogelpackung. »Christen
müssen identifizierbar sein durch ihr Handeln und Reden
und ihr Äußeres«, gab mir jungem Reporter in den 1970er-
Jahren der damalige Bundespräsident Karl Carstens mit auf
den Lebensweg. Daran erinnert der beliebte Bamberger Erz-
bischof Ludwig Schick, wenn er fordert: »Christen sollen
sich auch in der Öffentlichkeit deutlicher zu ihrem Glauben bekennen.« Da könnten wir von anderen Religionen
nur lernen, die sich durch ihre Gebete, ihre Symbole und
auch ihre Kleidung zu erkennen geben. Christen tun das
»nur sehr verschämt«, bedauert der katholische Kirchen-
mann, der anlässlich der Evangelisations-Kampagne »pro
christ« schon mal sagen kann: »Wir brauchen mehr Jesus,
nicht mehr Institution.«

Ähnlich argumentierte auch der »deutsche Billy Gra-
ham«, der wortgewaltige Pfarrer Dr. Gerhard Bergmann:
»Muslime und Juden beschämen uns Christen mit dem

Ernst ihres Glaubens und ihrem öffentlichen Bekenntnis.«
Man kann vor dem Essen ein Gebet sprechen oder das
christliche Symbol des Kreuzes tragen. Und Geistliche sollten an ihrer Kleidung erkennbar und damit ansprechbar
sein. Dafür trat der frühere EKD-Ratsvorsitzende Bischof
Wolfgang Huber immer wieder ein: »Wer beim Hausbe-
such in Jeans klingelt, dem wird gar nicht erst aufgemacht.«

Diese Theologen haben allesamt recht, denn Christen
ohne jeden Erkennungswert sind Mogelpackungen auf
zwei Beinen. Aber da das Gericht bekanntlich »am Hause
Gottes beginnt«, so ein biblisches Apostelwort: Da haben
die Herren Bischöfe erst mal genug bei ihresgleichen zu
tun ... Eine der schwärzesten Stunden, in der Feigheit und
Dummheit sich vereinigten, war im Oktober 2016 in Jerusalem, wo eine deutsche ökumenische Delegation, ange-
führt von den Spitzenbischöfen der evangelischen und katholischen Kirchen, den Tempelberg besuchten. Auf Bitten
von wem auch immer – denn dazu gab es eine bisher unge-
löste Erklär- und Wahrheitsschlacht, vor allem durch den
renommierten jüdischen Historiker Michael Wolffsohn,
den das Verhalten der Bischöfe maßlos entsetzte – legten
die »Würdenträger« das Kreuz ab, das zentrale Symbol der
Weltchristenheit. Eine Verleugnung, wie wir es bei dem
»Urdatum« des Kreuzes vor 2000 Jahren wenige hundert
Meter vom Tempelberg entfernt über den Apostel Petrus
wissen: »Ich kenne diesen Jesus nicht!« (Matthäus 26, 72).
Selten hat mich etwas so nachhaltig empört und erschüttert. Das Amts(!)kreuz ist ja sogar Bestandteil der bischöf-
lichen Amtstracht. Kein russischer Oberst käme auf die
Idee, seine Orden abzulegen, wenn er sich mit einem Ame-

rikaner trifft! Wo Jesus das Kreuz auf sich nahm (Golgatha nahe dem Tempelberg), legten deutsche Bischöfe es ab, kommentierte die *BamS* fassungslos. Entlarvend das Polit-Magazin *Cicero*: »Ihre CO_2-Gesamtbilanz kennen die Kirchen inzwischen wohl besser als das Evangelium.«

Ironisch müsste ich Ludwig Schick antworten: Vielleicht nehmen sich ja die Christen in Deutschland ein Vorbild an ihren Oberhirten, die der Mut verlassen hat und bei denen angesichts muslimischer »Bedenken« die Feigheit gesiegt hat. Oder wissen Sie nicht, dass die Worte Jude, Schwuler, Christ die aggressivste Moslem-Mobbing-Methode an Schulen ist?! Ganz zu schweigen von Gewalt gegen Davidstern- und Kreuzträger. Es ist auch ein Zeichen von Gewalt, einer christlichen Lehrerin an einer staatlichen Schule in Berlin per Dienstanweisung zu verbieten, an ihrer Halskette ein Kreuz zu tragen.

Man muss also feige sein, um unbehelligt durchs Leben und die Berufskarriere zu kommen. Wo sind wir inzwischen gelandet?! Erst als die Empörung der säkularen Medien immer größer wurde und alles Schönreden nichts mehr half (so viel Sensibilität für Glaubwürdigkeit hat nämlich mein Berufsstand!), gestanden die »standhaften Brüder vom Tempelberg«: Es war ein Fehler. Wobei die Herren Würdenträger jedoch gleich dem alttestamentlichen Sündenbock huldigten: Der Besuch war schlecht vorbereitet ... Aha, die Mitarbeiter! Diesen Flachsinn hat schon der Kirchenvater Bernhard von Clairvaux im 12. Jahrhundert geahnt: »Das Kreuz Christi ist eine Last von der Art, wie es die Flügel für die Vögel sind. Sie tragen aufwärts.«

Damit sind die Kirchen auf einem Niveau angelangt wie

der Fußballverein Real Madrid, der das christliche Kreuz aus seinem seit 1902 gültigen Wappen tilgte, um im arabischen Raum Geschäfte machen zu können. Oder die Zugspitze auf Prospekten für islamische Länder: »rein zufällig« eine Perspektive ohne Gipfelkreuz. Doch wenn deutsche Bischöfe nicht besser sind ...

Kein Wunder, dass Grüne und Linke, die sich doch so gern auf dem Kirchentag tummeln und von demselben hofiert werden, dann gleich mal nachlegten: »Auf das wiedererbaute Berliner Stadtschloss gehört kein Kreuz.« Obwohl es beschlossene Sache ist: Es wird nach historischem Vorbild neu aufgebaut, und da gibt's nun mal das Kuppelkreuz. Der Krach ums Kreuz eskalierte weltweit. Und da erklärt doch tatsächlich einer, der sich »Kulturbeauftragter des Rates der EKD« nennt, im *Tagesspiegel*: »Die evangelische Kirche vertritt in dieser Debatte keine eigenen Interessen.« Abgesehen von dieser historischen Viertelbildung: Wie will man es Flüchtlingen, die wegen dieses Kreuzes – als Tattoo oder Kettchen am Körper – in ihrer Heimat verfolgt, ja getötet werden, klarmachen, dass man in einem demokratischen Land mit einem jüdisch-christlichen Grundgesetz »In Verantwortung vor Gott« kein Interesse am Kreuz hat?!

Der hoch gebildete und tief gläubige Papst Benedikt XVI. wäre nie auf die Idee gekommen, beim Besuch der Hagia Sophia in Istanbul 2006 sein Kreuz abzulegen. Niemals! Einer, der es als Ossi im wiedervereinigten Deutschland in die Staatsspitze gebracht hat, erzählte mir von seiner Schulzeit: Am Tag nach der Konfirmation Anfang der 1950er-Jahre ging ich mit dem Abzeichen der Jungen Gemeinde, dem

Kreuz auf der Erdkugel, in die Schule. Der Direktor nahm mich beiseite und meinte »noch im Guten«, ich solle diese Art von Mutprobe nicht weiter auf die Spitze treiben. Nie wieder würde er sich das Kreuz verbieten lassen, niemals! Wo sind wir hingekommen mit unserem Mogelpackung-Wohlstandschristentum der Beliebigkeit und Gefälligkeit!

Ich schäme mich einfach! Apropos Bildung: Diese Multi-kulti-Jünger schreiben Toleranz wahrscheinlich mit Doppel-L: Sie finden alles toll, weshalb man für nichts besonders eintreten muss. Wo alles gleich gültig ist, wird alles gleichgültig. Bei Daimler wären sie schon längst rausgeflogen, wenn sie beim Besuch des BMW-Werkes ihren Stern abgelegt hätten.

Sehr nachdenklich macht, was der von Krebs genesene, vielfach preisgekrönte Schriftsteller Thomas Hürlimann im evangelischen Nachrichtenmagazin *idea-spektrum* schreibt: »Wir selber holen die Kreuze herunter. Aber wir werden uns noch wundern: Zuerst sterben die Zeichen, dann sterben wir ihnen hinterher. Wenn das Kreuz fällt, fallen auch wir ... Ist man krank und verzweifelt, fühlt man sich von einem Hiob oder einem Kreuz verstanden ... Der Gott am Kreuz versteht meine Ängste, begleitet mich, teilt mein Leid.«

Bevor*mund*ung

Auf der nach oben offenen Unbekanntheitsskala nahm sie wohl den untersten Platz ein, dafür brachte sie sich allerdings immer mal in die Schlagzeilen. Und das meist wegen irgendwelcher Verbote, für die ja eigentlich und irgendwie die Grünen ein Monopol haben. Doch sie ist Sozi, die frühere GroKo-Bundesumweltministerin Barbara Hendricks. Und die dachte wohl bei sich: Die grünen Genossinnen sind mit ihrem Veggie-Day bei der Bundestagswahl 2013 baden gegangen, das schaffe ich für die SPD auch. Und es hat sich ja bekanntlich am 24. September 2017 ausgezahlt – besser: Die Wähler haben's ihr und den Genossen heimgezahlt. Das Merkelsche »Wir schaffen das« in seiner besonderen Ausformung – das Ende der GroKo.

Im Rahmen der Dieselaffäre, die ja auf einer kriminellen Handlung beruht und deshalb Sache ihres Justizministerkollegen gewesen wäre, sorgte sie sich qua Amt um die Umwelt. Flugs forderte sie ein Autofahrverbot in diversen Städten, falls die ideologisch festgesetzten Abgaswerte überschritten würden. Da kam, passend für die heiße Wahlkampfphase, viel Freude auf! Denn auch der Genossen liebstes Kind ist nun mal der fahrbare Untersatz. Doch dabei sollte es nicht bleiben. Ideologie hat rot-grüne Vorfahrt. Uns Bürger will die Ministerin auch magenmäßig bevormunden, und zwar im wahrsten Sinne des Wortes: bevor*mund*en.

Zunächst einmal betraf es Besucher und Mitarbeiter ihres Ministeriums (kurz: BMUB), das bekanntlich immer noch am Rhein beheimatet ist. Und zwischen Bonn und der Außenstelle Berlin findet täglich ein umweltfreundliches Hin- und Herfliegen oder Zugfahren statt, aber das ist ja offensichtlich ökologisch eine Petitesse, die es zu vernachlässigen gilt. Hauptsache, man leistet sich den Luxus doppelter Amtssitze.

Also Thema Bevor*mund*ung: Die Ministerin verbannt Fleisch und Fisch vom Speiseplan ihrer beiden Kantinen. In einer E-Mail, über die BILD berichtete, heißt es: »Dienstleister/Caterer, die Veranstaltungen des BMUB beliefern, (...) verwenden weder Fisch oder Fischprodukte noch Fleisch oder aus Fleisch hergestellte Produkte.« Außerdem sollen »nur Produkte aus ökologischem Landbau«, »saisonale und regionale Lebensmittel mit kurzen Transportwegen« und bevorzugt »Produkte aus fairem Handel« verwendet werden. Die Bevormundungsministerin diktiert, was man in ihren Häusern zum Munde führen darf. Die Transportwege ihrer Beamten vernachlässigen wir mal fröhlich, Kölle alaaf!

Grund für die Bevormundung: die Vorbildfunktion beim Kampf gegen »negative Auswirkungen des Konsums von Fleisch«. Das müsse sich in der Praxis zeigen, also will man nicht anderen vorschreiben, was man selbst nicht tut. Eine im Grunde genommen richtige Einstellung. Wenn's nicht alles so ideologisch daherkäme und sich Politikerinnen als Gouvernanten der Nation aufspielten. Die ganz frühere Verbraucherministerin Renate Künast war beredtes Beispiel. Zum Amtsende wollte sie uns sogar noch die Pommes verbieten.

Doch das Hendricks-Veto wollte Kollege Bundeslandwirtschaftsminister Christian Schmidt nicht gelten lassen und konterte; und weil er von der CSU ist, tat er das mit bajuwarischer Brutalität: »Mit mir gibt es keinen Veggie-Day durch die Hintertür. Statt auf Bevormundung und Ideologie setze ich bei Ernährung auf Vielfalt und Wahlfreiheit. Fleisch und Fisch gehören auch zu einer ausgewogenen Ernährung mit dazu.« Punkt! Dass auch er mitsamt seiner Partei dramatisch baden ging und mit freier Menü-Vielfalt nicht punkten konnte, weil die Bürger andere Probleme haben, sei dahingestellt. Die Abschreckung von über 10 Prozent CSU-Wählern, die eigentlich nur in Sicherheit leben wollen, egal was sie essen, zeugt von anderen Prioritäten beim Volk.

Wie skurril religiöse Bevor*mund*ung aussehen kann, berichtet Neuköllns legendärer Ex-Bezirksbürgermeister Heinz Buschkowsky (SPD): Im Wettbewerb um den größten »bedröhntesten Quatsch« sei ihm auf- und eingefallen, was der städtische Kita-Betrieb Berlin-Süd-West veranstalte. Er will die anvertrauten Kinder vor Unreinheit schützen. Die Speisekarten sind von Schweinefleisch in jeglicher Art klinisch gesäubert. Gründe werden (natürlich) nicht genannt. Erst auf beharrliches Nachfragen erklärt der zuständige Stadtrat: Die Deutsche Gesellschaft für Ernährung habe das so empfohlen, weil Schweinefleisch ungesund sei. Aha!

Glatte Lüge! Eben, wie Buschkowsky schreibt: bedröhnt. Die Ernährungsgesellschaft empfiehlt das genaue Gegenteil für eine ausgewogene Nahrung. Nein, so der streitbare Bürgermeister, hier handele es sich wieder mal um einen verdeckten Kulturkampf, bei dem die staatlichen Bezirksämter die Waffen vor der muslimischen Religion strecken: »Ein kleiner Sieg für die Gegner unserer Lebensart.«

Die in Sonntagsreden hochgelobte und in Wahlkämpfen gepriesene Freiheit unseres Lebensstils sieht anders aus. Aber das Gen der Bevor*mund*ung scheint weit verbreitet. Das Wahlergebnis präsentierte die entsprechenden Quittungen. Guten Appetit! Ach so: Der Klartext-Buschkowsky rät demonstrativ zu Hackepeter und Schweinegelatine-Wackelpudding Waldmeister, auch Wackelpeter genannt. Oder noch schöner: Götterspeise ...

Deutscher Rechtsstaat oder beseeltes Bullerbü?

Bildreich beschreibt es die *BILD am SONNTAG*: »In den muffigen Büros des Berliner Sozialgerichts reichten die Regale für die Akten früher bis zur Schulter. Dann kamen immer mehr Fälle. Jetzt gehen die Regale bis zur Decke und reichen trotzdem nicht.« Alle 18 Minuten verklagt ein Berliner sein Jobcenter, immer mehr Flüchtlinge, Migranten und Abschiebe-Kandidaten werden von arbeitslosen Anwälten und ahnungslosen Gutmenschen zu Klagen »ermutigt«. Denn ein Versuch lohnt, genauso wie bei Tempoverstößen mit dem Auto. Rund 40 000 Fälle liegen unbearbeitet allein beim Berliner Sozialgericht – um die abzuarbeiten, müsste man theoretisch ein Jahr schließen.

Deutsche Gerichte haben es inzwischen ja nicht nur mit »einheimischen« Delikten zu tun, sie müssen arabische Clans, islamische Ehrenmorde, muslimische Familienfehden im Scharia-Stil und osteuropäische Einbrecherbanden »bearbeiten«. Doch kein Politiker will dafür Verantwortung übernehmen, dass diese Kriminellen überhaupt hierherkommen konnten. Und die Not in der Justiz, der personelle Kollaps bei Staatsanwälten, Richtern, Polizisten oder Gefängnisbeamten – Verantwortung ist in der Politik eine Mogelpackung, die Sonntagsreden reichen nur bis Montagmorgen beziehungsweise bis zur nächsten Wahl. Besorgte

Bürger und erfahrene Experten fragen sich: Ist mit unserem Recht noch alles in Ordnung?

Justitia stöhnt und ächzt, und der einfache Bürger, dessen Anliegen vielleicht dringend ist, hat das Nachsehen. Oder er muss mit den Folgen gerichtlicher Überbelastung leben, besser gesagt: überleben. Ende 2015 wurden in Hamburg zwei Totschläger freigelassen, weil das Verfahren sich über die U-Haft-Grenze hinwegzog. Selbst bei Kinderschändern und Vergewaltigern schaffen Gerichte kein straffes Verfahren, weil Heerscharen ausländischer Krimineller mit hochbezahlten Anwälten im Rücken die Justiz blockieren. Das weiß man seit vielen Jahren, doch diese unselige Political Correctness verbot das Reden darüber. Ein führender Berliner Oberstaatsanwalt bestätigte all dies in einer meiner Sendungen mutig. Man sieht: Den Betroffenen, die sich ja vom Bürger wegen der laschen Verfahren beschimpfen lassen müssen, platzt inzwischen der Kragen. Oder ein Polizeibeamter, der sich mit im wahrsten Wortsinn stichhaltigen Beweisen bei mir aussprach: Sie kennen keine Grenzen mehr. Kriminalität wird immer brutaler, Täter immer unverschämter, weil sie wissen: Justitias Mühlen mahlen langsam. Und zudem haben wir ja noch den naiven Unterstützungs-Chor kirchentagsbeseelter Gutmenschen, die hinter allem gleich Rassismus und Diskriminierung sehen. Man darf noch nicht mal Namen und Herkunft von Tatverdächtigen nennen, schon das Reden von »nordafrikanischem Aussehen« ist eine Todsünde.

Anfang 2016 hob das Landgericht Frankfurt/Main den Haftbefehl gegen einen Terrorverdächtigen auf. Der potenzielle IS-Kämpfer kam frei, weil das Gericht überarbeitet ist.

Zugemüllt mit Tausenden von Verfahren, deren Ausgang weniger folgenreich wäre als die Freilassung von Terroristen, Mördern und Vergewaltigern. Beim Hamburger G-20-Gipfel Anfang Juli 2017 wurden mehr als 500 Polizeibeamte zum Teil schwer verletzt – auch hier: politische Verantwortung gleich null! Die Staatsanwaltschaft ermittelte in mehr als 160 Täter-Fällen, nur 36 Beschuldigte kamen in Untersuchungshaft. Bis Herbst kam erst ein Verfahren in Gang, eins! Wenn pro Jahr rund 50 dringend Tatverdächtige freigelassen werden müssen, weil das Verfahren zu lange dauert, dann sind das sicherlich Ausnahmen – das Vertrauen in den Rechtsstaat ist jedoch tief erschüttert. Kein Wunder, dass immer mehr Bürger an der Sicherheit im Land (ver-)zweifeln, so der Vorsitzende des Deutschen Richterbundes. In Koblenz gab es einen Prozess, da haben die Verteidiger das Gericht mit über 1 000 Anträgen geradezu sabotiert.

Verzögertes Recht ist verweigertes Recht, sagt eine alte britische Rechtsweisheit. Die tapfere Berliner Jugendrichterin Kirsten Heisig verfocht dieses Prinzip knallhart, denn »auch die arabischen Gewalttäter müssen wissen, wer hier der Herr im Ring ist«. Sie kämpfte wie manche ihrer Kollegen für schnellstmögliche Verfahren, denn nur die »Buße auf dem Fuße« schafft Einsicht, wenn überhaupt. Tragisch, dass diese mutige Frau wenige Tage nach unserer gemeinsamen Sendung tot aufgefunden wurde.

Es braucht mehr Personal und den politischen Willen, Strafverfahren zu beschleunigen. Doch unsere Politik beschäftigt sich lieber damit, die Straßenverkehrsordnung gender-gerecht umzuschreiben. Perfide Prioritäten! Fußgänger werden zu »zu Fuß Gehende«, Radfahrer zu »Radfahrenden«, während Täter fröhlich aus dem Gericht spazieren, weil das Personal in der Justiz fehlt. Absurdistan! »Aus Not« werden immer mehr Fälle eingestellt oder Taten bagatellisiert. Fahrrad- und Ladendiebstahl pervertieren zu Kavaliersdelikten, selbst Verfahren wegen Körperverletzung werden oft »wegen Geringfügigkeit« eingestellt.

Der interessanterweise geheim gehaltene Bericht »Kriminalität im Kontext von Zuwanderung 2016« (aus dem die *BamS* zitierte) bestätigt Stimmung und Erfahrung der Bürger: 76 500 Diebstahls-Delikte gehen auf das Konto von Migranten, 54 600 Körperverletzungen, 3 600 Fälle gegen die »sexuelle Selbstbestimmung« und 432 Fälle von Mord und Totschlag. Und der Gipfel des Eisbergs: Wird ein Asylantrag abgelehnt, kann man bekanntlich in Deutschland Rechtsmittel einlegen. Eine Viertelmillion, unfassbare 250 000 Gerichtsverfahren waren Mitte 2017 anhängig. Der Richterbundpräsident resigniert: 230 000 müssten ausreisen, doch man schaffe es nicht, dass diese Menschen auch das Land verlassen. Eine Bankrotterklärung für unsere Sicherheit und für das Vertrauen in den Staat!

BILD bilanziert mit der großen Titelzeile: Die Abschiebe-Lüge! Nur ein Beispiel: Ein Flugzeug mit 72 zur Abschiebung Verurteilten, darunter 39 (!) Straftäter, sollte im Juni 2017 starten, hob aber nie ab. Kinderschänder, Drogendealer, Totschläger und Vergewaltiger durften bleiben, unfassbar! Kein Aufschrei, wenn man hört, dass der Berlin-Attentäter Anis Amri schon lange vor seiner Tat hätte abgeschoben werden müssen, ebenso der mordende Hamburger Islamist Ahmad Alhaw. Keiner übernimmt Verantwortung! Die Deutsche Polizeigewerkschaft nüchtern: Die innere Sicherheit könne nur gewährleistet werden, wenn die Kette Polizei – Staatsanwaltschaft – Richter funktioniert und von der Politik hundertprozentige Rückendeckung hat, »tut sie aber nicht!«.

In den Wahlprogrammen wabern Worthülsen zu diesem Thema. Die Bürger zweifeln, Justitias Beamte verzweifeln – und die Medien haben viel zu lange ge- beziehungsweise verschwiegen, denn es bedeutet Mut zur Wahrheit, die heile Bullerbü-Gesellschaft von Gutmenschen aus Kirche und Politik zu (zer-)stören!

Herr*in, schick Hirn*in!

Flensburg ist wohl eine der bekanntesten Städte Deutschlands. Aus unterschiedlichen Gründen. Die einen lieben das Bier, andere fürchten die dort beheimatete »Verkehrssünderkartei«, und wieder andere fiebern einem Paket »mit diskretem neutralem Absender« von dort entgegen. Und nun hat die Stadt ihren Bekanntheitsgrad noch mal erhöht, oder besser: ihre Bekanntheitsgradin. Denn irgendwelche Witzboldinnen der Linkinnen-Rathausfraktion haben gefordert, Arbeitsgeräte künftig geschlechtsneutral, gendergerecht oder zumindest feminin zu benennen. Es könne doch nicht angehen, dass fast alles männlich ist, an dem die Frolleins vom Amt sich abarbeiten müssen!

Dieser Gender-Gaga ist nur ein kleiner Beweis, wie verrückt wir inzwischen sind, ver-rückt von wirklich Wichtigem zu allerlei Allotria bis hinein in die offizielle Gesetzes- und Verordnungssprache. Dass es eine Finanzexpertin der

Grünen fertigbrachte, gendergerechte Steuererklärungen als eine wichtige Aufgabe der ohnehin überlasteten Behörden zu bezeichnen, ist nur ein Beispiel für den ganzen Irrsinn, den sich allerdings gestandene Politiker gefallen lassen, ohne auf den Tisch zu hauen ... Die SPD des Berliner Bezirks Lichtenberg verlangt, dass alle offiziellen Anträge in einer gender-gerechten Sprache verfasst werden müssen, sonst landen sie im Papierkorb. Und hat das bereits in die Tat umgesetzt. Genderwahnsinnig! Ein Antrag war denn auch von der SPD selbst – hirnrissig: Sie sprachen darin von Eigentümern und von Passanten, statt dem ganzen -innen- und Sternchen-Gedöns. Ab in die Papierkörbin!

Im Flensburger Gleichstellungsausschuss hat die Linke nun beantragt, künftig bei Bestellungen nur der/die Bleistiftanspitzer/in oder der/die Staubsauger/in zu schreiben. In der mündlichen Aussprache sollen die Arbeitsgeräte künftig rein feminin sein. Also, und man muss im Geiste ja nur die Ämter und deren Ausstattung durchgehen: die Fußabtreterin, die Computerin, die Kopiererin, die Papierkörbin ... Zynisch kann man nur sagen: Die Klobürste gibt's ja schon. Vorbild Kirchentag: Im offiziellen Programm war von Mikrofoninnen die Rede.

Wo sind die Frauen, die gegen diesen lächerlichen Schwachsinn aufschreien?! Damit wird alles, was sich positiv mit Gleichstellung verbindet, dem Spott preisgegeben. Aber da hilft vielleicht die Ratsfraktion »Wir in Flensburg«, die zu dem Irrsinn den Anlass gab: Die fordert doch allen Ernstes, die Ratsfrauen in Ratsdamen umzubenennen, damit sie auf Augenhöhe mit den Ratsherren sind, gegenüber denen Frau abwertend klingt. Herrin, schick Hirnin! Vor-

schlag: Man könnte doch im Lutherjahr die gesamte Rats-
gesellschaft runterstufen zu der herr(!)lich deftigen Sprache
in der Zeit vor 500 Jahren: Ratsweiber und Ratskerle ...

Ach so, auch das sei nicht verschwiegen: Als Flensburg
mit diesem linken realsatirischen Aberwitz bundesweit in
die Schlagzeilen kam, und das vor der Bundestagswahl
2017, erklärten die Antragstellenden die Antragin flugs als
Fake. Da haben sie eigentlich recht, so oder so ... Und im
Grunde ist die reine Verweiblichung ohnehin eine rück-
ständig-spießbürgerliche Attitüde. In England ist man da
schon viel weiter. Wenn Sie ein Konto bei der britischen
Bank HSBC haben, dürfen Sie zwischen zehn Anreden wählen, u. a. Mx für Mix, Ind für Individuum, Pr für Person oder
eben das hausbackene Mr, Mrs oder Ms. Also wenn schon,
denn schon, liebe Flensburger*innen, denn das wichtige
Gender-Sternchen habt Ihr ja auch noch vergessen auf dem
per Computer*in geschriebenen Antrag*in!

Crusade gegen die Rückkehr des Höfischen

Dass man in Deutschland ohne Englisch nicht mehr aus-
kommt und die Babysprache »Denglisch« besonders »in«
ist, ist nicht nur ein Zeichen von Infantilität. Es ist einfach
unsozial, die überwiegende Mehrheit im Lande bei der
Kommunikation draußen vor zu lassen. Da mögen sich
auch die Netzwerke »sozial« nennen, es ist schlicht asozial,
diejenigen auszuklammern, die diese Sprache nicht beherr-
schen. Und das sind keineswegs nur die Senioren.

Bei der letzten deutschen (!) Bundestagswahl las man

selbst bei denen, die ihre Stimmen unter Konservativen fischen wollen, erstaunliche Wort-Ungetüme. Wahrscheinlich auf dem Mist irgendwelcher Werbeagenturen gewachsen, aber offensichtlich bei deren Kundschaft mit Beifall aufgenommen. Meine Beobachtung: Der Jugendwahn älterer Leute jenseits der Midlife-Crisis – besser, klarer und auf Deutsch gesagt: Sinnkrise in der Lebensmitte – bricht sich nicht nur in Kleidung und Kfz Bahn, sondern auch und gerade in der Sprache. Man will ja ach so modern sein und trotz Ischias und »Rücken« auch von Kids, Nerds und Hipstern verstanden und vor allem geliebt werden. Schickeria statt Schweinsbraten. So werben als Traditions-Tracht-Träger bekannte CSU-Männer für eine »Ladies Night« in einer ganz tollen Location, oder die CDU spricht von »Unionspower«. Hauptsache mia san mia, auch wenn's beim Get Together oder einem Talk in the City ist. A so a Schmarrn!

Wow! Solches »Hipster-Deutsch« macht doch richtig was her! Wir sind schließlich up to date und nicht hinterm Mond, nur weil wir für eine deutsche Leitkultur eintreten. Doch leiten tut uns letztlich die panische Angst, als altmodisch und aus der Zeit gefallen wahrgenommen zu werden. Dann sind Politiker natürlich lieber mit viel drive on tour statt kraftvoll auf schlichter Wahlkampfreise, freuen sich über eine gelungene Integrationsstory und diskutieren über Blockchain. Da die meisten ohnehin kein Englisch können, kann man mit solchem Billig-Amerikanisch sogar punkten. Glaubt man.

Die europäische Elite sprach im Mittelalter und in der Renaissance Latein, später unterhielt man sich unter sich (!) auf Französisch. Alles, was Bedienstete oder Kinder im

Familienkreis nicht mitbekommen sollten, geschah also auf Französisch, ganz bewusst. Insofern befreite der Reformator Martin Luther das gemeine Volk von der Knute klerikaler Eliten, indem er die Bibel ins Deutsche übersetzte. Die Deutungshoheit der »Eingeweihten« war vorbei, jeder konnte ein Wörtlein mitreden.

Heute betreiben selbst Kirchen eine Rolle rückwärts und passen sich dem infantilen Denglisch an, ganz gemäß einem polnischen Philosophenwort: Die Kirche hat weder Angst vor Ketzerei noch vor Abfall, sie hat nur eine Angst: als altmodisch wahrgenommen zu werden. Da wird genetworkt und geworkshipt und auf prayerwalks spaziert, zum Brainstorming gemeetet und zum »Train-the-Trainer« eingeladen, als gäbe es kein (sprachliches) Halten mehr. Früher lachten wir über schlechtes Englisch, heute sprechen wir es. Je dünner die Botschaft, desto aufgeblasener die Worthülsen.

Da halte ich's doch lieber mit dem früheren Chrysler-Chef Lee Iacocca: »Sag's verständlich und mach's kurz!« Wir brauchen schleunigst einen Crusade gegen das Denglisch, gegen diese Wiederkehr einer höfischen elitären Kultur der Ab- und Ausgrenzung. Und zwar auf allen Gebieten. Dann gilt auch wieder, was Politiker in ihren Sonntagsreden so gerne versprechen: Wir wollen niemand zurücklassen und alle mitnehmen! Das gilt auch für unsere schöne deutsche Sprache.

Es gibt ja Leute im Regierungsamt, die in ihrer geistigen Armut meinen, deutsche (Leit-)Kultur sei eigentlich nur noch die gemeinsame Sprache. Da wir die bald auch nicht mehr haben, weil wir sie ungebremst selbst durch Konservative zerstören lassen, könnten wir uns gleich aus dem Kreis der Kulturnationen verabschieden. Und damit entsprächen wir vollends den Ergebnissen der PISA-Bildungsstudien ...

Wortmüll als Wohlstands-verwahrlosung

Ja, sind wir denn von allen guten Geistern verlassen?! Statt die Menschen, die zu uns kommen, würdig zu versorgen und unterzubringen, ihnen klipp und klar zu sagen, was unsere Kultur leitet, was man bei uns darf und was nicht, und all die, die unbegründet, kriminell und rechtswidrig hier sind, schleunigst wieder abzuschieben, streiten wir um Begrifflichkeiten. Zu den meistdiskutierten Kolumnen meines Buches *Finger weg von unserem Bargeld! – Wie wir immer weiter entmündigt werden*, immer noch ein Bestseller, gehört der Text über das »Wort des Jahres 2016«: Flüchtling. Da haben es diese ideologisch aufgeheizten »Sprach-Forscher« doch glatt fertiggebracht, ihr Wort gleich wieder zum Unwort zu erklären. Realsatire! Denn die Endung – ling – würde negativ empfunden. Ich fragte bekanntlich, wie es denn dann um den »Liebling« bestellt sei, und ob die »Zwillinge« dann »doppelt Geborene« heißen sollen und die »Säuglinge« »säugende flüssig zu Ernährende«. Loriot pur!

Jetzt scheint man den Stein der Weisen gefunden zu haben, nachdem man zunächst, quasi als verbale Zwischenstation, von Geflüchteten sprach. Migranten geht nicht, das sind ja eigentlich Migrierende. Ich erlaubte mir anzumerken, ob es denn keinen Unterschied mehr zwischen denen, die schon hier sind (also: Geflüchtete), und denen, die noch unterwegs sind (also: Flüchtende), geben müsste. Schließlich seien Flüchtende noch keine Geflüchteten, während jedoch Geflüchtete einmal Flüchtende waren. Völlig verwirrt über diesen – inzwischen auf fast allen Gender- und Political-correctness-Gebieten angewandten – deutschen Sonderweg ist die UNO. Denn es heißt nun einmal Genfer Flüchtlingskonvention, und nicht Genfer Flüchtende- und Geflüchtete-Konvention.

Alle, die es aus begründeter Angst vor Verfolgung aus ihrem Land vertrieben hat, sind im Genfer Sinne Flüchtlinge. Selbst wenn sie in dem Land, in das sie geflohen sind, juristisch noch gar nicht diesen Status haben. Über allem steht das seit Jahrhunderten bekannte und anerkannte, weltumspannende Wort »Kriegsflüchtling«. Jeder weiß Bescheid, wenn davon die Rede ist. Doch am deutschen Wesen soll leider auch unter heutigen Ideologen die Welt mal wieder genesen. So gibt es auch keine Flüchtlingskrise, sondern eine Asylbewerbendenkrise. Und Flüchtlingshelfer (Genf!) müssten sich konsequenterweise umbenennen in Schutzsuchendenassistierende, Fliehendenhelfende oder Geflüchtetenunterstützende.

Aber da man »Flüchtlinge« gesinnungsdiktatorisch per Sprachpolizei in den Orkus des Wortmülls entsorgte und zwischen Flüchtenden und Geflüchteten nicht richtig unterscheiden konnte, leuchtet am Gutmenschen-Himmel nun die strahlende Ankunft eines erlösenden Begriffs: Schutzsuchende! Sofort griffen die Nachrichtenredaktionen beseelt zu, selbst die renommierte *Deutsche Presseagen-*

tur (dpa) übernahm das Erlösungswort. Allenthalben gab es für Ohr und Hirn schwer erträgliche Satzkonstruktionen mit »Schutzsuchenden«, wobei jeder normale Hörer ohnehin das Wort »Flüchtlinge« im Hinterkopf hatte und assoziierte. Aber man hatte endlich ein reines, sozusagen erlöstes Gewissen: Positiver kann man es gar nicht ausdrücken, vor allem nicht antidiskriminierender, weil ja niemand mehr unter den Verdacht gestellt wird, illegal und kriminell hier zu sein. Dass es diesen Wachhunden unserer Gesinnung in der Tat nicht »nur« um Gender geht, offenbart unverhohlen das Monitum der feministischen Germanistin Luise Pusch. Sie stört es (natürlich), dass es von Flüchtling kein Femininum gibt. Stattdessen schlägt sie die Wörter Vertriebene oder Willkommene vor. Nur wer seinen Kopf ausschließlich zum Essen hat, merkt nicht, wie uns da unter der Hand zwei völlig andere, natürlich Kritik verbietende Begriffe untergejubelt werden! Das ist übrigens eine der perfiden Strategien der ach so menschenfreundlichen Genderpolitik: Über Sprache die Inhalte teils radikal umzukehren.

Also nun Schutzsuchende. Problematisch wurde es, als man sich fragen musste: Die, die auf Volksfesten junge Frauen angrapschen, sexuell nötigen, vergewaltigen oder mit dem Messer angreifen – vor wem haben die eigentlich Schutz gesucht? Sind das denn wirklich noch Schutzsuchende oder nicht eher Flüchtlinge? Weil -ling ja bekanntlich etwas Negatives ist, könnte man denen doch wieder das alte Etikett ankleben. Schutzsuchender wäre echt eine Mogelpackung ...

Beispiel Hamburg im Hochsommer 2017: Ein islamistischer Terrorist aus den Vereinigten Arabischen Emiraten ersticht einen Mann und verletzt fünf weitere Menschen schwer. »Er war als Schutzsuchender in unsere Stadt gekommen«, erklärt der Hamburger Innensenator im politisch-korrekten Duktus verbaler Naivität, und *dpa* schrieb, fast noch lächerlicher (für Vorzeigejournalisten, deren Artikel weltweit nachgedruckt werden!): »Er ist im März 2015 nach Deutschland gekommen, in jenem Jahr also, in dem eine beispiellos hohe Zahl von Schutzsuchenden einreiste.« Und dann krönt der Text sich quasi in gutmenschlicher Selbsterhöhung: »Der Fall weist einige traurige Parallelen zu den Geschehnissen des vergangenen Jahres auf. Auch die Attentäter von Würzburg, Ansbach und vom Berliner Weihnachtsmarkt kamen als Schutzsuchende und entluden hier ihren Hass.«

Liebe Leute! Täglich sterben 18 000 Kinder weltweit an Hunger und Krankheit, mehr als eine Million Babys pro Jahr überleben den Tag nach ihrer Geburt nicht, Millionen leiden unter Verfolgung, Diktatur, Völkermord und Bürgerkrieg. Millionen und Abermillionen bis in unsere westlichen Gesellschaften hinein wissen nicht, ob sie am nächsten Tag noch Obdach, Arbeit und Nahrung haben, selbst deutsche Rentner haben Angst vor der nächsten Mieterhöhung ... Und wir befassen uns mit semantischem Wortmüll, nur damit bitte schön alles korrekt und natürlich gendergerecht zugeht. Haben wir denn den Verstand verloren? Merken wir nicht, dass das Luxusprobleme einer verwahrlosten Wohlstandsgesellschaft sind, die offensichtlich keine anderen Probleme hat?! Genauso wie die Frage, wie viele Toiletten ein öffentliches Gebäude haben muss, damit alle

Geschlechter beziehungsweise Gender sich würdig entlee-
ren können? Hohlköpfiger Hohn gegenüber allen, die ums
(Über-)-Leben kämpfen ...

Die *FAZ* kommentiert cool, nüchtern und in immer
noch allgemeingültiger deutscher Satzkonstruktion, die
kein interpretatorisches Hintertürchen offen lässt, klipp
und klar: »Dass jemand, der nach Deutschland kommt, um
hier seinen Hass zu entladen, Attentate zu begehen und
Menschen zu töten, wohl schwerlich als ›Schutzsuchender‹
bezeichnet werden kann, sollte sich eigentlich von selbst
verstehen.« Punkt!

Wir brauchen
Bräuche

Ostern! Das klingt nach Leben, Aufbruch, Hoffnung. Dass
viele den Ursprung dieses wichtigsten Festes der Christen-
heit nicht mehr kennen, liegt am miesen Marketing der
Kirchen. Man schiebe es nicht »den Medien« in die Schuhe
oder dem Zeitgeist, die würden ja, wenn sie nur könnten ...
Wenn Pfarrer an die Auferstehung von Jesus Christus persönlich nicht glauben, dann können sie sich den Mund fus-
selig reden: Da springt kein Funke über, das reißt auch keinen Journalisten vom Stuhl. Für Mogelpackungen haben
die Menschen eine Antenne, sie lassen sich nicht gern für
dumm verkaufen. Die Allgemeinplätze gibt's auch ohne
den intellektuellen Ballast eines leeren Grabes: Frühlingserwachen, Osterspaziergänge ... Dafür braucht man keine
Kirche (mehr), von deren Kanzeln dann zu hören ist, Jesus
lebe als Hoffnung, als Geschichte, als Beispiel, als Weis-

heitslehrer und Menschenfreund in und bei uns weiter. Das finde ich auch in einer Hörspiel-CD aus dem Fundus der esoterischen Abteilung meiner Buchhandlung.

Dennoch haben die Menschen ein Gespür für dieses Fest. Da hat der gute alte Kirchenvater Augustinus wohl recht: Unruhig ist unser Herz, bis es ruht in dir, o Gott! Die schönen Rituale werden auch von jenen gelebt, denen der Glaube gleichgültig ist: Ostereier, Osterlamm ... Ja, wir brauchen Bräuche, die unserem Leben in einer globalisierten Welt Halt und Heimat geben. In all den Verunsicherungen etwas Sicherheit, in all dem Flüchtigen etwas Beständiges. Genauso ist es ja mit Weihnachten. Niemand möchte so recht auf all das verzichten, und dann ist es plötzlich kein sentimentaler Kitsch mehr, wenn es so weit ist: Tannenbaum, Adventskranz, Weihnachtsplätzchen, Bach und Mozart und etwas Familie ... Arm, wer diese reichen Traditionen in den Wind schlägt oder verliert.

Schlimm, wenn wir uns das aus falscher Toleranz nehmen lassen: Weihnachts- wird zum Wintermarkt, St. Martin zum Lichterfest ... Jahresendflügelfigur statt Weihnachtsengel hatten wir ja schon mal. Wollen wir in diese Diktatur zurückfallen, indem wir uns ohne Not der Diktatur verrückter Gesinnungs- und Sprachideologen beugen?! Was dem SED-Regime nicht gelungen ist, nämlich Weihnachten kaputt zu machen, schaffen westliche Wohlstandskirchen sogar noch mit Ostern. Da hat doch die Schokoladenfirma Cadbury tatsächlich das Wort Ostern aus ihrem Programm gestrichen: Cadbury Eggs statt Ostereier sollen versteckt und gesucht werden. Wie armselig! Klerikaler Aufschrei war nirgends zu hören, obwohl wir aus jüngerer, leidvoller deutscher Geschichte doch wissen, was solche »Umbenennungen« nach sich ziehen können.

Liebe Leute, ihr macht euch lächerlich. Finger weg von guten Traditionen, die Freude machen und niemanden bedrohen! Und die schönen Fest-Formen wieder mit festem Inhalt füllen: Weihnachten heißt: Gottes Sohn kam auf diese Erde. Ostern bedeutet: Das Grab dieses Gottessohnes Jesus Christus ist wirklich leer. Wenn Kirche das nicht mehr klipp und klar sagt, und dabei dem Volk aufs Maul schaut, ohne ihm nach dem Munde zu reden, dann bietet sie Mogelpackungen. Wo Kirche drauf steht, muss Bibel drin sein, sonst besteht der Tatbestand des Etikettenschwindels. Kein Wunder, dass die Menschen sich abwenden, wenn sie das durchschauen.

Aber dort, wo Familien die alten Traditionen wieder mit neuem Leben erfüllen, geschehen Wunder: Da wollen unsere Kinder etwas hören von diesem faszinierenden Gekreuzigten, der den Tod besiegte, »die härteste Währung auf dem Markt der Hoffnungen« (Wolf Biermann). Wir sollten die Jahreszeiten wieder ganz neu entdecken und mit den Kindern leben. Genauso, wie nicht rund ums Jahr Spargel- oder Erdbeerzeit ist, gibt es die Advents- oder Passionszeit. Das ist mehr als bloße Kultur, das ist Heimat. Und Heimat ist Geborgenheit, ein Zuhause.